Gustav Magnus und sein Haus

Gustav Magnus und sein Haus

Im Auftrag der Deutschen Physikalischen Gesellschaft

herausgegeben von

Dieter Hoffmann

Stuttgart 1995

Verlag für Geschichte
der Naturwissenschaften und der Technik

Die Deutsche Bibliothek - CIP-Einheitsaufnahme

Gustav Magnus und sein Haus/
Dieter Hoffmann (Hg.). - Stuttgart:
Verl. für Geschichte der Naturwiss. und der Technik, 1995
ISBN 3-928186-26-4
NE:Hoffmann, Dieter [Hrsg.]

ISBN 3-928186-26-4

© GNT-Verlag: Verlag für Geschichte der Naturwissenschaften und der Technik, Stuttgart
Alle Rechte vorbehalten.
Ohne ausdrückliche Genehmigung ist es nicht gestattet, das Buch oder Teile daraus zu vervielfältigen.
Herstellung: PRODUserv, Berlin

Inhaltsverzeichnis

Vorwort	9
Gustav Magnus – Ein Chemiker prägt die Berliner Physik *Stefan L. Wolff*	11
Gustav Magnus und seine Berliner Physiker-Schule *Horst Kant*	33
Gustav Magnus und die Physikalische Gesellschaft zu Berlin – ein ambivalentes Verhältnis? *Wolfgang Schreier*	55
Der Magnus-Effekt: Zu seiner Entdeckung, seiner Erklärung und seiner technischen Bedeutung *Markus Ecke, Falk Rieß*	65
Das Geothermometer von Magnus und die innere Wärme der Erde – ein Beitrag zur Geschichte der Geothermie und zur Physikgeschichte Berlins *Peter Kühn*	83
Zur Geschichte des Magnus-Hauses *Christine Becker*	99
Das Magnus-Haus und die Deutsche Physikalische Gesellschaft *Theo Mayer-Kuckuk*	123
Personenregister	131
Autorenverzeichnis	134
Abbildungsnachweis	135

Gustav Magnus (Faksimile nach dem Gemälde seines Bruders Eduard aus dem Jahre 1868)

Lebensdaten

1802, 2. Mai	in Berlin als Sohn eines Berliner Tuch- und Seidenhändlers geboren.
1816	Besuch des Friedrich-Werderschen Gymnasiums bzw. des Cauerschen Instituts in Berlin.
1822	Studium der Naturwissenschaften an der Berliner Universität.
1825	Erste Publikation.
1827	Promotion mit Untersuchungen über das Tellur.
1827/28	Studienaufenthalt bei J. Berzelius in Stockholm.
1828/29	Studienaufenthalt in Paris.
1830	Entwicklung des Geothermometers.
1831	Habilitation an der Berliner Universität für die Fächer Chemie und Technologie.
1834	Berufung zum außerordentlichen Professor für Technologie der Berliner Universität.
1840	Wahl zum Mitglied der Preußischen Akademie der Wissenschaften.
	Heirat mit Bertha Humblot (1820-1910) und Erwerb des Hauses Am Kupfergraben.
1842	Vorstand des Physikalischen Kabinetts der Universität.
1843	Aufnahme des Magnusschen Kolloquiums.
1845	Ernennung zum ordentlichen Professor.
	Gründung des Physikalischen Gesellschaft durch Magnus-Schüler.
1852	Entdeckung des Magnus-Effektes.
1861	Rektor der Berliner Universität.
1870, 4. April	in Berlin gestorben.

Die Max-Planck-Bibliothek im Magnus-Haus, 1958

Vorwort

> »Das deutschsprachige Judentum und seine Geschichte ist ein durchaus einzigartiges Phänomen, das sich unter anderem in einem geradezu bestürzendem Reichtum an Begabungen und wissenschaftlicher und geistiger Produktivität äußert.«

An diese Feststellung Hannah Ahrendts wird man erinnert, wenn man Leben und Werk des Physikers Gustav Magnus betrachtet. Führten zu Beginn des 19. Jahrhunderts Frauen wie Rahel Levin-Varnhagen oder eine Henriette Herz die gebildete Gesellschaft Berlins in ihren Salons zusammen und machten diese zu intellektuellen Zentren der aufstrebenden preußischen Hauptstadt, so war es ein halbes Jahrhundert später Gustav Magnus, der ähnliches für die aufstrebende Wissenschafts- und Industriemetropole leistete. In seinem Haus am Kupfergraben versammelte er talentierte Studenten seines Fachgebiets um sich. Seine Vorlesungen, insbesondere aber sein Privatlaboratorium wurden zum Kristallisationspunkt für eine der bedeutendsten Physikerschulen des 19. Jahrhunderts. Wer in der Physik im Deutschland der zweiten Hälfte des 19. Jahrhunderts Rang und Namen hatte, entstammte zumeist dem Kreis um Gustav Magnus oder hat zumindest mit diesem in einem regen Kontakt gestanden. Insbesondere trifft das für die Physik in Berlin zu, rekrutierten sich doch aus dem Kreis bis in unser Jahrhundert hinein die führenden Fachvertreter an der Berliner Universität und den anderen Einrichtungen physikalischer Forschung der Stadt – angefangen bei Hermann von Helmholtz und Gustav Kirchhoff über August Kundt, Emil Warburg und Rudolf Clausius bis hin zum Begründer der modernen Physiologie Emil Du Bois-Reymond.

Gustav Magnus gilt so ganz zu Recht als der Stammvater jener bedeutenden Physiktradition, die Berlin in den Jahrzehnten um die Jahrhundertwende zu einem Weltzentrum physikalischer Forschung machte.

Die Bedeutung von Gustav Magnus für die Entwicklung der Physik ist indes mit einer Aufzählung seiner berühmten Schüler nicht hinreichend beschrieben. Magnus war nicht nur ein begabter Forscher und begnadeter Lehrer, er war auch das, was man heute mit dem Begriff »Wissenschaftsorganisator« bzw. »Wissenschaftsmanager« bezeichnen würde. Diesem Engagement ist es zu verdanken, daß sich sein Privatlaboratorium zu einem der ersten universitären Physikinstitute im Sinne der Moderne profilierte; auch die in seinem Haus seit dem Frühjahr 1843 wöchentlich durchgeführten wissenschaftlichen Diskussionsabende wurden zu einer Institution, die als physikalisches Kolloquium bis heute fortlebt; last but not least ging im Januar 1845 aus dem Magnusschen Kreis die Gründung der Physikalischen Gesellschaft hervor, die heute auf eine 150jährige, ungebrochene Traditionslinie zurückblicken kann.

Es ist so keineswegs zufällig, daß die Deutsche Physikalische Gesellschaft im Rahmen der Vorbereitung ihres 150. Gründungsjubiläums und in Begleitung der umfangreichen Renovierungsarbeiten des Magnus-Hauses ein Kolloquium veranstaltete, das Leben und Werk von Gustav Magnus würdigte. Bei der Vorbereitung des Kolloquiums, das in den Händen des Fachverbandes Geschichte der Physik lag und im Februar 1994 stattfand, konnte an ein Physikhistorisches Seminar angeknüpft werden, das im Frühjahr 1987 die damalige Arbeitsgruppe Physikgeschichte der Physikalischen Gesellschaft der DDR veranstaltet hatte und aus Anlaß des Berlin-Jubiläums ebenfalls Leben und Werk von Gustav Magnus thematisierte; schon damals war dies auf großes Interesse bei den (Ost)Berliner Physikern gestoßen. Der politische Vereinigungsprozeß in Deutschland und die Wiedervereinigung der beiden Physikalischen Gesellschaften erlaubten es, die in Ost und West existierenden physikhistorischen Interessen an der Person von Gustav Magnus zu bündeln und zudem eine allgemeinere kulturhistorische Perspektive zu wählen.

Die Familiengeschichte der Magnus', die als Handelsleute, Politiker, Maler und Verleger das Berlin des 19. Jahrhunderts prägten, wurde nun ebenso gewürdigt, wie die wechselvolle Geschichte des Magnus-Hauses eine ausführliche Darstellung erfuhr. Als eines der wenigen erhalten gebliebenen architektonischen Kleinode der preußischen/deutschen Hauptstadt besitzt es auch große bauhistorische Bedeutung und beherbergte neben Gustav Magnus auch andere prominente bzw. zeithistorisch bedeutsame Bewohner.

Die gute Resonanz des Kolloquiums und die Tatsache, daß das Haus künftig der Deutschen Physikalischen Gesellschaft als wissenschaftliches Begegnungszentrum dienen soll und damit bei vielen Besuchern ein Informationsbedarf über das Haus und seinen Namenspatron entstehen wird, ließen bei den Organisatoren den Wunsch entstehen, die Vorträge auszuarbeiten und in einer kleinen Publikation über Gustav Magnus und sein Haus zusammenzufassen.

Wir möchten an dieser Stelle all jenen danken, die zum Entstehen dieser Publikation beigetragen: insbesondere gebührt unser Dank der Deutschen Physikalischen Gesellschaft und namentlich ihrem Vize-Präsidenten Professor Dr. Theo Mayer-Kuckuk für das fördernde Interesse an Kolloquium und Publikation und nichtzuletzt für die großzügige finanzielle Unterstützung, die die Drucklegung des Kolloquiums erst ermöglicht hat. Zu danken haben wir ebenfalls der Siemens A. G., die das Kolloquium durch die Bereitstellung von Reisemittel gefördert hat. Der Dank des Herausgebers gilt schließlich dem Stuttgarter GNT-Verlag für die engagierte und fruchtbare Zusammenarbeit bei der Drucklegung des Buches.

Berlin, im Januar 1995   Dieter Hoffmann

Gustav Magnus –
ein Chemiker prägt die Berliner Physik

Stefan L. Wolff

Einleitung

Über mehrere Jahrzehnte bis zu seinem Tod im Jahr 1870 war Gustav Magnus die dominierende Persönlichkeit der Berliner Physik. Dies erscheint zunächst erstaunlich, weil das Studium und die anschließende Forschung ihn eigentlich als Chemiker ausweisen.

Ein solcher Weg von der Chemie zur Physik war ungewöhnlich, obwohl es inhaltlich noch keine deutliche Trennlinie zwischen den beiden Fächern gab. Aufgrund der unscharfen Differenzierung der Naturwissenschaften war die Zuordnung der entsprechenden Lehraufgaben an den Universitäten nicht streng geregelt. Diese Durchlässigkeit erlaubte es Magnus, schon lange bevor er den Schwerpunkt der eigenen wissenschaftlichen Arbeit in die Physik verlagerte, Vorlesungen darüber zu halten. Der Erwerb eines nahe bei der Universität gelegenen Hauses bot ihm dann den geeigneten äußeren Rahmen für eine innovative Veranstaltung wie das physikalische Kolloquium, in dem er mit einem Kreis von Studenten die jeweils neueste Fachliteratur diskutierte.

Magnus übertrug eine Art »Laboratoriumskultur« der Chemie auf die in dieser Hinsicht weniger entwickelte Lehre der Physik. Das soll die relativ enge persönliche Verbindung von Lehrendem und Lernenden bezeichnen, die sich bei den umfangreichen experimentellen Arbeiten in den kleinen, häufig noch in Privatwohnungen eingerichteten Laboratorien ergab.

So gelang es Magnus über den Unterricht zu der zentralen Gestalt der Physik in Berlin zu werden. In der folgenden biographischen Skizze werden diese Entwicklung sowie einige Charakteristika seiner Forschung behandelt.[1]

Herkunft und Ausbildung

Am 2. Mai 1802 wurde Joseph Meyer Magnus als Kind jüdischer Eltern in Berlin geboren. Sein Vater Emanuel (1770-1821) betrieb zunächst einen Tuch- und Seidenhandel. Er war 1794 nach Berlin gekommen, wo er im gleichen Jahr Merle Fraenkel (1770-1848), die Tochter eines angesehenen dortigen Geschäftsmannes,

---

1 Biographische Aufsätze bzw. Nachrufe: H. Helmholtz: Gedächtnisrede auf Gustav Magnus. Abgedruckt in: Physiker über Physiker, Band 2, Berlin 1979, S. 56-66. A. W. Hofmann: Gustav Magnus. In: Zur Erinnerung an vorangegangene Freunde. Gesammelte Gedächtnisreden. Band 1, Braunschweig 1888, S. 45-191. A. Oppenheim: Heinrich Gustav Magnus. Nature 2 (1870), S. 143-145. É. Sarasin: Henri-Gustave Magnus. Sa Vie et ses Travaux. Archives Sciences Physiques et Naturelles 40 (1871), S. 61-76. Eine Aufstellung der Publikationen von Magnus findet man in Catalogue of Scientific Papers, Royal Society of London (Hg.), 19 Bände, London, 1867-1925. Band 4, S. 182-184 u. Band 8, S. 306.

Gustav Magnus

Die Mutter Marianne Magnus (1770-1848) nach einem Gemälde von Eduard Magnus, um 1845

geheiratet hatte.² Wahrscheinlich erhielt er überhaupt dadurch erst das Privileg, in Berlin bleiben zu dürfen. Die jüdische Gemeinde, die zu jener Zeit etwa 3.500 Mitglieder zählte, was ungefähr 2% der Gesamtbevölkerung entsprach, besaß eine einzigartige Sozialstruktur. Die Politik der preußischen Herrscher erlaubte eine jüdische Ansiedlung in Berlin im wesentlichen nur dann, wenn die Tätigkeit der Zuwanderer innerhalb eines erwünschten beruflichen Spektrums dem Staat besonderen Nutzen versprach. Auf diese Weise entstand eine jüdische Gemeinschaft, die in ökonomischer Hinsicht mehrheitlich der Oberschicht angehörte. So sollen im Jahr 1807 von den 52 privaten Bankhäusern 30 im Besitz jüdischer Familien gewesen seien.³ Selbst in den wohlhabenden Gemeinden Frankfurts, Hamburgs oder Londons gab es keine vergleichbare Situation.⁴ Der herausgehobenen wirtschaftlichen Stellung stand jedoch eine deutliche Zurücksetzung in rechtlicher Hinsicht gegenüber. Sonderabgaben, Einschränkungen bei der Wahl des Berufs und des Wohnorts kennzeichneten den Status von Bürgern minderen Rechts. In diesem Spannungsfeld kam es seit dem Ende des 18. Jahrhunderts zu einer stetig wachsenden Zahl von Konversionen zur christlichen Konfession.⁵ Auch die Familie von Joseph Meyer Magnus vollzog 1807 diesen Schritt. Nachdem er gemeinsam mit dem Vater und vier Brüdern getauft worden war, erhielt der fünfjährige den Namen Heinrich Gustav Magnus.⁶ Die jüdische Herkunft scheint in seinem weiteren Leben keine Rolle mehr gespielt zu haben. Diskriminierende Regelungen, wie der 1822 in Preußen verfügte Ausschluß der Juden von akademischen Lehrämtern, sollten den späteren Wissenschaftler aufgrund seines protestantischen Glaubens nicht betreffen.

Gustav Magnus kam im Alter von 14 Jahren zunächst an das Friedrich-Werdersche Gymnasium. Er wechselte aber bald, wohl wegen Schwierigkeiten mit den alten Sprachen, zu dem neugegründeten Cauerschen Institut, einer privaten höheren Lehranstalt, wo den naturwissenschaftlichen Fächern mehr Bedeutung eingeräumt wurde. Hier unterrichtete auch sein Vetter, der Mathematiker Ludwig Immanuel Magnus (1790-1861).⁷

Der älteste von Gustavs fünf Brüdern starb bereits 1820, vermutlich noch an den späten Folgen der gesundheitlichen Schäden, die er sich in den Freiheitskriegen von 1813/14 zugezogen hatte. Die Leitung der 1809 vom Vater eröffneten Bank übernahm nach dessen Tod im Jahr 1821 der zweitälteste Bruder Friedrich Martin (1796-1869). Die übrigen Geschwister studierten Landwirtschaft, Medizin oder ergriffen einen künstlerischen Beruf wie Eduard (1799-1802), der ein bekannter Porträtmaler wurde. Die Reputation des internationalen Bankgeschäfts

---

2 J. Jacobsen: Jüdische Trauungen in Berlin 1759-1813. Berlin 1968, S. 75 u. S. 368.
3 I. Mieck: Von der Reformzeit zur Revolution (1806-1847). In: Geschichte Berlins, W. Ribbe (Hg.), 2 Bände, München 1987, Band 1, S. 405-602, hier: S. 492.
4 D. Hertz: Jewish High Society in Old Regime Berlin. New Haven und London 1988, S. 35-47.
5 Ebd., S. 228-243.
6 J. Jacobsen (Anmerkung 2), S. 368. Die Mutter folgte fünf Jahre später. Ein weiterer Bruder kam erst 1809 zur Welt.
7 Cantor: Magnus, Ludwig Immanuel. ADB 20 (1884), S. 91-92. Auch die beiden jüngeren Brüder sowie zwei Neffen besuchten diese Lehranstalt. Nach L. Gläser: Eduard Magnus. Ein Beitrag zur Berliner Bildnismalerei des 19. Jahrhunderts. Berlin 1963, S. 52.

STAMMTAFEL

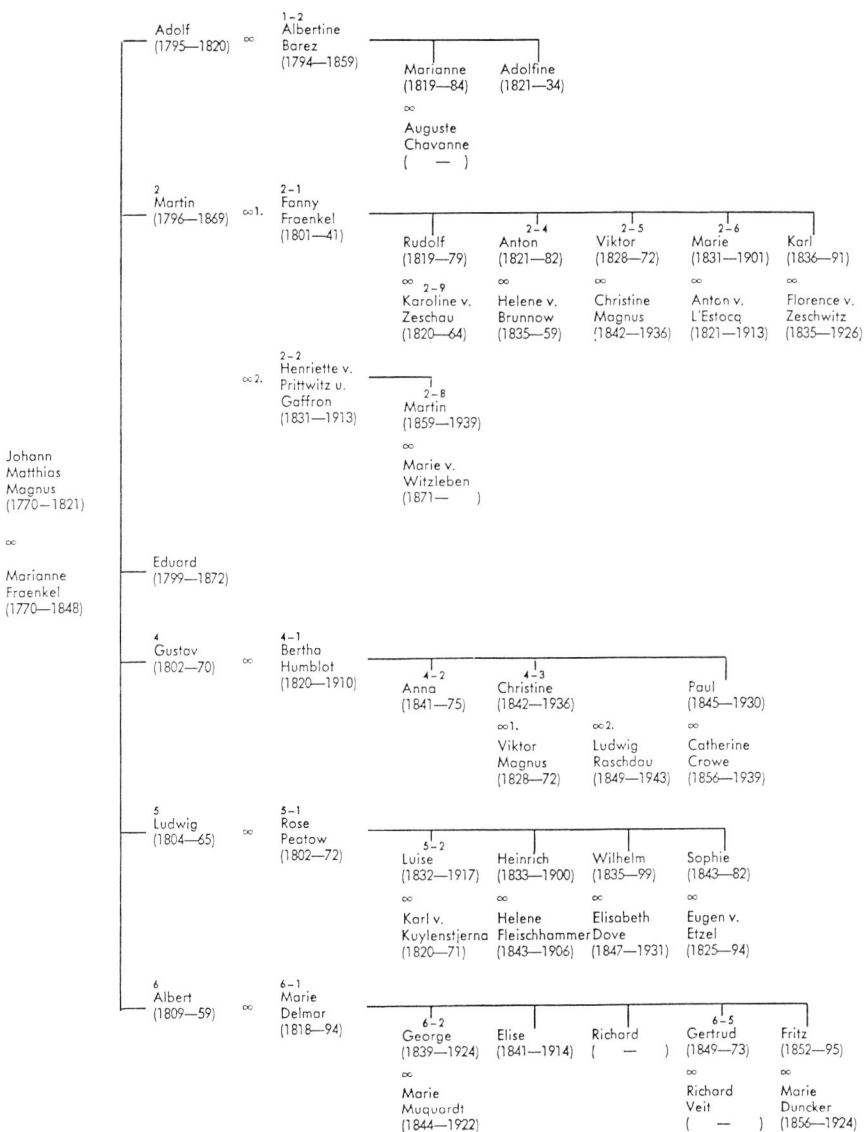

Stammbaum der Familie Magnus (nach L. Gläser: Eduard Magnus, a. a. o., S. 72)

und das intellektuelle Niveau sicherten der Familie, die sich ihrer jüdischen Wurzeln entledigt hatte, einen herausgehobenen Platz in der Berliner Gesellschaft. Bei den in ihrem Haus veranstalteten Abenden trafen sich Offiziere, Geschäftsleute, Künstler und Wissenschaftler.[8]

Nach der Ableistung seines einjährigen Militärdienstes begann Gustav Magnus 1822 mit dem Studium an der Berliner Universität. Er besuchte chemische, physikalische und mathematische Veranstaltungen. Einige Resultate seiner chemischen Untersuchungen hatten sich bereits in fünf Publikationen niedergeschlagen, ehe er 1827 nach dem relativ langen, fünf Jahre dauernden Studium eine Dissertation über das Tellur einreichte. Das Promotionsverfahren wurde von Magnus dann mit großer Eile betrieben. Der Erwerb der Doktorwürde stellte offenbar eine Voraussetzung für die Annahme der ehrenvollen Einladung von Jacob Berzelius (1779-1848) dar, im folgenden Winter in dessen Stockholmer Laboratorium zu arbeiten.[9] Gefahrlose Überfahrten ließen sich nur bis Mitte Oktober durchführen. Schließlich erfolgte die Promotion am 14. September.[10] Berzelius, einer der maßgeblichen Chemiker jener Zeit, konnte schon wegen der sehr begrenzten Räumlichkeiten nur ein bis zwei Schüler gleichzeitig aufnehmen. Dabei handelte es sich nicht um Anfänger, sondern stets um junge, bereits qualifizierte Wissenschaftler, die durch die gemeinsame Arbeit von ihm lernten. So hatten zuvor schon mit Eilhard Mitscherlich (1794-1863), Heinrich (1795-1864) und Gustav Rose (1798-1878), Christian Gottlob Gmelin (1792-1860) und Friedrich Wöhler (1800-1882) einige der wichtigsten Vertreter einer Generation deutscher Chemiker die Möglichkeit erhalten, ihre Kenntnisse und Fertigkeiten bei Berzelius zu vervollkommnen.[11] Die auch für die damalige Zeit sehr spärliche Ausstattung stellte besonders hohe Anforderungen an das experimentelle Geschick.[12] Die große Bedeutung dieses Ausbildungsabschnitts für Magnus und die fortdauernde Vertrautheit mit Berzelius, der sich selbst als »Vaterbruder« seiner Schüler bezeichnete, lassen sich an dem Briefwechsel erkennen, den die beiden seitdem führten.[13] Nach einem Jahr kehrte Magnus für kurze Zeit nach Berlin zurück, um sich dann von November 1828 bis März 1829 in Paris, das damals

---

8 L. Gläser (Anmerkung 7), S. 10-11; S. 50-51.
9 SBPK, Schreiben von Magnus an die Fakultät, undatiert, wahrscheinlich August 1827, Magnus Slg Darmst F2d 1835(1), Bl. 30. Die Fakultät akzeptierte triftige Gründe: UA der HUB, Beschluß der Fakultät vom 4.9.1827, Phil. Fak. - Dekanat-Nr. 211 Bl. 233.
10 Titelblatt von G. Magnus: De Tellurio. Berolini 1827. Vita, ebd. UA der HUB, Beurteilung der Leistung durch Hermbstaedt und Mitscherlich vom 31.8.1827, kurze Ergänzung von P. Erman, Phil. Fak. - Dekanat-Nr. 211 Bl. 232.
11 W. Ostwald: Zur Geschichte der Wissenschaft. II. Jacob Berzelius. Ostwalds Klassiker Nr. 267, Leipzig 1985, S. 118.
12 Eine Schilderung der Arbeit im Laboratorium von Berzelius gab Friedrich Wöhler: Jugend-Erinnerungen eines Chemikers. Berichte der Deutschen Chemischen Gesellschaft zu Berlin 8 (1875), S. 838-852, hier: S. 839-842.
13 An diese Bezeichnung erinnert Magnus in seinem Brief an Berzelius vom 16.4.1830. Die gesamte Korrespondenz befindet sich im Archiv der Nobelstiftung in Stockholm. E. Hjelt gab eine Edition heraus, in der jedoch umfangreiche, nicht immer gekennzeichnete Streichungen vorgenommen wurden. Außerdem fehlt eine Anzahl von Briefen: Aus Jac. Berzelius und Gustav Magnus Briefwechsel in den Jahren 1828-1847, Braunschweig 1900.

Der Bruder Eduard Magnus (1799-1872) nach einem Gemälde von Franz Krüger, 1839

immer noch als bedeutendste wissenschaftliche Metropole galt, aufzuhalten.[14] Er versuchte dort Kontakte zu den bekannten Gelehrten wie P. L. Dulong (1785-1838), L. J. Thenard (1777-1857), oder J.-L. Gay-Lussac (1778-1850) herzustellen und über deren aktuelle Forschungsprojekte zu informieren. Er berichtete jedoch etwas enttäuscht:

> »Paris ist herrlich, man *muß* es gesehen haben, aber es ist in wissenschaftlicher Hinsicht nicht das[,] was ich mir vorstellte. Ueberall wird man freundlich empfangen, aber bei den meisten ... war ich nur einmal; vielleicht ist es meine Schuld und liegt an meinem Caracter, man muß in Paris etwas zudringlich sein, und man muß auftreten als wäre man etwas«.[15]

Von der Habilitation zum Extraordinariat

Magnus hatte für die weitere Laufbahn zunächst noch keine klare Perspektive. Angesichts seiner breitgestreuten Interessen war er unsicher, ob er eine mehr technische, physikalische oder chemische Forschungsrichtung einschlagen sollte.[16] Die Tätigkeitsfelder dieser Gebiete waren aufgrund zahlreicher Überschneidungen nicht scharf voneinander abgegrenzt. Beispielsweise gelangte Magnus von einer zunächst rein chemischen Untersuchung zu dem schon beobachteten Phänomen, daß Wasserstoff aus einem gesprungenen Glas entweichen konnte. Man betrachtete es bis dahin als Kapillarerscheinung, aber die eigenen Experimente brachten Magnus zu der Überzeugung, es handele sich hier um die Folge einer Kondensation. Die Diffusion war noch unbekannt.[17] Auch die Beschäftigung mit dem Mineral Vesuvian führte zu einer physikalischen Frage. Nach dem Schmelzen nahm die Dichte erheblich ab und Magnus versuchte dies mikroskopisch zu deuten. Eine der möglichen Erklärungen für die Kristallstruktur, die sich hierbei auflöste, erblickte er in der Vorstellung von Atomen, die durch richtungsabhängige Kräfte in festen Positionen gehalten wurden.[18] Mit dem unbefangenen Gebrauch des Atomismus befand sich Magnus im Einklang mit den damals üblichen Ansichten. Das wird an dieser Stelle deshalb besonders erwähnt, weil ihn die Literatur wegen einiger Vorbehalte aus einer späteren Zeit ganz pauschal auf einen Empirismus reduziert, der ausschließlich von direkt meßbaren Größen ausgegangen wäre und den Atomismus deshalb angeblich generell abgelehnt hätte.[19]

Trotz des großbürgerlichen familiären Hintergrunds scheint Magnus anfangs auf die Einkünfte aus seiner wissenschaftlichen Tätigkeit angewiesen gewesen zu sein. Wenigstens berichtete er Berzelius, auf eine Heirat bewußt zu verzichten, da

---

14 Ankunft am 10. November. Magnus an Berzelius vom 18.11.1828. In: Hjelt, S. 6-7.
15 Magnus an Berzelius vom 28.2.1829. In: Hjelt, S. 10-13.
16 Magnus an Berzelius vom 10.10.1830. In: Hjelt, S. 39-41.
17 G. Magnus: Ueber einige Erscheinungen der Capillarität. Annalen der Physik 10 (1827), S. 153-168.
18 G. Magnus: Ueber eine auffallende Verminderung des specifischen Gewichts, die der Vesuvian durch das Schmelzen erleidet. Annalen der Physik 20 (1830), S. 477-483. Magnus an Berzelius vom 18.7.1830. In: Hjelt, S. 37-39.
19 H. Helmholtz (Anmerkung 1), S. 64.

Jöns Jakob Berzelius (1779-1848)

er den Unterhalt nur für sich allein aufbringen könnte. Bei einer eventuellen Anstellung war ihm speziell das freie Experimentieren wichtig, weil dies ansonsten besonders hohe Unkosten verursachte.[20] Er entschloß sich dann, die Habilitation für Chemie und Technologie anzustreben und formulierte im Dezember 1830 einen entsprechenden Antrag.[21] Im Rahmen des kumulativen Verfahrens konnte Magnus neben seiner Dissertation zehn Publikationen, überwiegend aus der anorganischen Chemie, vorlegen. Sein Probevortrag vom 28. Dezember 1830, an den sich ein Kolloquium vor der Fakultät anschloß, behandelte »Die Lehre von den Dämpfen«, wobei es größtenteils um technische Fragen ging, die mit der Entwicklung der Dampfmaschine zusammenhingen.[22] Nach der lateinischen Probevorlesung, in der er am 30. Januar 1831 über das Nordlicht sprach, erhielt Magnus die Venia legendi.[23]

Dieser neue Abschnitt seiner Laufbahn ermöglichte es Magnus nun, mit den didaktischen Fähigkeiten eine seiner entscheidenden Stärken zu entwickeln. Im Sommersemester 1831 bot er lediglich eine Anleitung zu praktischen chemischen Übungen an. Es meldeten sich mehr Studenten als erwartet und Magnus war letztlich in der Lage acht von ihnen zu akzeptieren, überwiegend Mediziner. Hier machte er erstmals selbst die Erfahrung, welchen Gewinn man aus der Lehre schöpfen konnte. Die Nachmittage wurden von dieser Tätigkeit gänzlich ausgefüllt, »aber das thut vor der Hand nichts und ich lerne auch etwas dabei, und habe in den 14 Tagen mehr gesehn, als in irgend andern 14 Tagen meines Lebens.«[24] Das motivierte ihn, sich in der Lehre auch weiterhin besonders zu engagieren.

Im Herbst übernahm Magnus außerdem den Unterricht der Physik an der Vereinigten Artillerie- und Ingenieurschule, wo das technische Militärpersonal seine Ausbildung erhielt. Sie gehörte zu einer Reihe von Institutionen (Kriegsschule, Gewerbeschule, auch einige Gymnasien), die einer ganzen Anzahl von Wissenschaftlern in Berlin eine ökonomische Basis verschafften. Magnus reizte die Aufgabe vor allem wegen der später auch realisierten Absicht der Schule, einen physikalischen Apparat anzuschaffen.[25] Die Universität dagegen besaß einen solchen noch nicht. Da Magnus für die geplante Vorlesung über Technologie ebenfalls derartige Hilfsmittel benötigte, hatte er sich gleich nach seiner Habilitation mit einer diesbezüglichen Bitte an das Ministerium gewandt. Von 1833 an bewilligte man ihm daraufhin finanzielle Zuwendungen, um die entsprechenden Geräte zu kaufen. Diese Regelung galt zunächst für vier Jahre, anschließend gab es jährliche Verlängerungen bis dann ab 1843 ein fester Etat zur

---

20 Magnus an Berzelius vom 10.10.1830. In: Hjelt, S. 39-41.
21 SBPK, G. Magnus: Antrag in lateinischer Sprache von »mense December 1830«, Magnus Slg Darmst F2d 1835(1), Bl. 31.
22 UA der HUB, Zulassung zur Habilitation durch die Fakultät vom 15.12.1830 und Protokoll des Habilitationsvortrags vom 28.12.1830, Phil. Fak. - Dekanat-Nr. 1201, Bl. 79-81.
23 »De aurora borealis«, ebd., Bl. 82.
24 Magnus an Berzelius vom 12.5.1831. In: Hjelt, S. 50-54.
25 Magnus an Berzelius vom 1.11.1831. Bei Hjelt irrtümlich mit dem 1.11.1832 datiert, S. 70-78. Definitive Anschaffung laut Magnus an Berzelius vom 11.2.1834, nicht in dem bei Hjelt abgedruckten Teil des Briefes enthalten.

Verfügung stand. Magnus behielt ein Besitzrecht an den erworbenen Gegenständen.[26] Anfang September 1833 unternahm er für die Beschaffung physikalischer Instrumente eine erste Reise nach Paris und stellte bald fest wieviel Aufwand damit verbunden war: »... die Überlegungen, Zeichnungen, Verabredungen mit den Arbeitern, das Antreiben derselben kostet noch viel mehr Zeit als die Vorversuche zu meiner Vorlesung.«[27]

Es ist bemerkenswert, daß das Ministerium eine solche Abmachung mit einem jungen Privatdozenten traf und beispielsweise den außerordentlichen Professor für Physik Heinrich Wilhelm Dove (1803-1879), der 1829 durch Versetzung von Königsberg nach Berlin gekommen war, wo er seit 1831 jedes Semester Physik las, überging und auch nicht einmal informierte.[28] Als dieser 1833 mit ähnlichen Vorschlägen an das Ministerium herantrat, wurde er zu seiner Verwunderung an Magnus verwiesen, der mit der Verwahrung der Apparate betraut worden sei.[29] Die Vereinbarung mit dem Ministerium sicherte Magnus in der Konkurrenz um Hörer und deren Gelder einen Vorsprung, den er künftig zu bewahren verstand. Zwei Gründe mögen die eigentlich unangemessene Bevorzugung von Magnus plausibel machen. Als Bruder eines angesehenen Bankiers gehörte zu der gesellschaftlichen Oberschicht Berlins, was ihm wohl die Anbahnung eines persönlichen Kontaktes zum Minister erleichterte.[30] Außerdem war er dabei, die Anwendung der Naturwissenschaft auf die Technik zu einem wesentlichen Bestandteil seiner Lehrtätigkeit zu machen. Hiervon versprach sich die Politik vermutlich wichtige Impulse für die Förderung der gewerblichen Wirtschaft.

Ab 1832 las Magnus die Technologie in jedem Sommer. In dieser Veranstaltung erläuterte er die verschiedenen industriellen Fertigungsverfahren, illustriert durch entsprechende experimentelle Vorführungen. Er gliederte seine Darstellung nach der Herkunft der Ausgangsstoffe. Dem mineralogischen Teil, der sich u. a. mit der Glas- und Porzellanproduktion befaßte, folgte die Besprechung derjenigen Fabrikationen, die auf organischen Substanzen basierten, wie die Bierbrauerei oder Gerberei. Eine Exkursion zu Betrieben der Umgebung wie z. B. zu den Borsigschen Eisenwerken war stets ein obligatorischer Bestandteil dieser Vorle-

---

26 Magnus an den Minister Altenstein vom 28.2.1831, abgedruckt in H. Klein: Humboldt-Universität zu Berlin. Berlin 1985, S. 20. H. Rubens: Das physikalische Institut. In: Geschichte der Königlichen Friedrich-Wilhelms-Universität zu Berlin, M.Lenz (Hg.), 4 Bände, Halle, 1910-18, Band 1, S. 278-96, hier: S. 279. Vgl. auch BSB, Handschriftenabteilung, Grothiana I, P. v. Groth, Lebenserinnerungen. Unveröffentlichtes Manuskript, S. 42.

27 Magnus an Berzelius vom 11.2.1834. Nicht in dem bei Hjelt abgedruckten Teil des Briefes enthalten. Er fuhr auch später immer wieder aus diesem Grund nach Paris: z. B. Magnus an Berzelius vom 2.9.1839, nicht in Hjelt.

28 Allerdings stand Dove damals in nicht so hohem Ansehen beim Ministerium: A.Dove: Dove, Heinrich Wilhelm. ADB 48 (1904), S. 51-69. Siehe zu Dove auch seine kurze Selbstdarstellung: SBPK, Schreiben an die Phil. Fak. der Berliner Universität vom 1.2.1844, Dove Slg Darmst F1f 1840(1), Bl. 28. Sowie rückblickend von ihm: UA der HUB, Denkschrift von Dove an Magnifizenz vom 25.11.1867, Phil. Fak. - Dekanat-Nr. 63, Bl. 1-2. Abgedruckt in: J. Auth u. H. Kossack: Zur Lage an der Berliner Universität vor der Errichtung des Instituts am Reichstagsufer. Wiss Zeitschrift der Humboldt Universität zu Berlin 32 (1983), S. 557-567, hier: S. 557-559.

29 Geheimes Staatsarchiv Preußischer Kulturbesitz, Dove an den Minister vom 14.9.1833 und Ministerium an Dove vom 30.9.1833, Rep 76 Va Sekt 2 Tit X, Nr. 12, Bd. 1, Bl. 179-181.

30 Magnus bezieht sich in seinem Brief an Altenstein vom 28.2.1831 (Anmerkung 26) auf einen mündlichen Kontakt.

sung, die deshalb nie im Winter abgehalten wurde.[31] Magnus betrachtete die Technologie als Gebiet, das eine vielfältige Kompetenz verlangte. Nach seiner Ansicht benötigte man dazu chemische Kenntnisse, ein Verständnis der mechanischen Technologie sowie eine Vertrautheit mit wirtschaftlichen Zusammenhängen.[32]

Magnus hatte dem Ministerium angeboten, die Physik auch an der Universität zu lesen. Für die Anschaffung der dazu benötigten Geräte bekam er zusätzliche Gelder.[33] Die erste dieser Vorlesungen, die im Wintersemester 1833/34 begannen, wurde wie folgt angekündigt: »Physik, durch Versuche erläutert, sechsmal wöchentlich von 12 bis 1 Uhr.« Die Vorbereitung der Demonstrationsexperimente erforderte so viel Aufwand, daß er zu jener Zeit nur wenig zum Forschen kam. In der Publikationsliste erkennt man eine Lücke von gut zwei Jahren. Der Wettbewerb um die Studenten war überraschend groß. Insgesamt sieben Dozenten kündigten für jenes Semester eine Veranstaltung über Physik an.[34] Besonders unangenehm war Magnus dabei die Konkurrenz mit seinem früheren Lehrer und Förderer Mitscherlich. Nachdem er dessen Rat, auf die Habilitation zu verzichten, nicht befolgt hatte, war es zu einem persönlichen Zerwürfnis gekommen.[35] Mitscherlich nahm den physikalischen Teil aus seiner Chemievorlesung heraus und kündigte sie für Magnus ganz unerwartet als separate Veranstaltung an. Durch seine Mitgliedschaft in der Kommission für Staatsprüfungen besaß Mitscherlich ohnehin eine günstigere Ausgangsposition als Magnus, der sich mit 40-50 Hörern, »wovon einige dreissig bezahlt haben«, gegenüber den 100 bei Mitscherlich – darunter kein geringerer als Alexander v. Humboldt (1769-1759) – jedoch gut zu behaupten wußte.[36]

Nach dem Tod des Chemikers S. F. Hermbstaedt (1760-1833) bewarb sich Magnus um eine von dessen verschiedenen Stellen und zwar um die des Lehrers für Chemie an der Kriegsschule. In Vertretung von Wöhler hatte er die Chemie 1831/32 auch schon an der Gewerbeschule unterrichtet. Magnus kam in die engere Auswahl, aber Karl Freiherr von Altenstein (1770-1840), der von 1817 bis 1838 amtierende Kultusminister (Minister der geistlichen, Unterrichts- und Medizinalangelegenheiten), riet ihm in einem Gespräch zum Verzicht und stattdessen zu einer Bewerbung um die Professur für Technologie an der Universität. Wiederum erfuhr er eine eher unübliche Unterstützung seitens der Politik. So formulierte Magnus im Dezember 1833 einen dementsprechenden

---

31 Hauptstaatsarchiv Stuttgart, Schilderung des Vorlesungsinhalts nach einem Bericht des Generalmajors von Sontheim über das Studium des Württembergischen Kronprinzen Karl vom 27.8.1841, E14 Bü 65 nicht paginiert. Erwähnung der Exkursion in Groth (Anmerkung 26), S. 40.
32 Vieweg-Archiv Braunschweig, Magnus an Vieweg vom 14.1.1847.
33 Magnus an Berzelius vom 11.2.1834. Nicht in dem bei Hjelt abgedruckten Teil des Briefes enthalten.
34 Magnus an Berzelius vom 11.2.1834. In: Hjelt, S. 88-91. Neben der Ankündigung von Magnus gab es noch solche von den Professoren P. Erman, Hermbstaedt, Mitscherlich, Dove, Turte und dem Privatdozenten L. F. W. A. Seebeck. Hermbstaedt war allerdings bereits im Oktober 1833 verstorben.
35 DM, Magnus an Mitscherlich vom 31.1.1831. Siehe auch Magnus an Berzelius vom 15.2.1831. In: Hjelt, S. 44-46.
36 Magnus an Berzelius vom 11.2.1834. In: Hjelt, S. 88-91. Vgl auch eine weitere Schilderung von Magnus: SBPK, Magnus an das Kultusministerium vom 1.4.1834, Magnus Slg Darmst, Magnus F2d 1835(1), Bl. 16-17.

Antrag und brachte sich, da in der Zwischenzeit nichts passiert war, im April beim Minister erneut in Erinnerung. Er wies auf die mit seinen Vorträgen verbundenen Unkosten hin: »Meine eigenen Mittel sind nämlich den Opfern, welche ich bisher gebracht habe, nicht mehr gewachsen.« Abschließend bat er um baldige Nachricht, falls er wirklich für die Stelle designiert sei, weil er diese Statusveränderung dann schon in der Vorlesungsankündigung des bevorstehenden Semesters anzeigen wollte.[37] Tatsächlich erhielt er bald darauf die außerordentliche Professur. Mit ungefähr 70 bis 80 Hörern war seine Vorlesung nun so stark besucht wie bislang noch nie. Die Industrieexkursion mußte deshalb sogar zweimal durchgeführt werden.[38] Offenbar hatte sich Magnus als Dozent mittlerweile einen besonders guten Ruf erworben.

Die Themen seiner wissenschaftlichen Arbeiten waren zu jener Zeit fast alle den verschiedenen Teilgebieten der Chemie zuzurechnen, sei es der anorganischen, organischen oder der physiologischen Chemie. Physikalische Fragen führten ihn relativ selten bis an die Front der Forschung. So regte ihn Faradays Entdeckung der Induktion zur Wiederholung von dessen Versuchen an.[39] Auf einer gemeinsam mit Wöhler durchgeführten Reise in »das Land der Industrie«, wie Magnus England bewundernd nannte, machte er 1835 dann auch die persönliche Bekanntschaft von Michael Faraday (1791-1867). Magnus besuchte zahlreiche Fabrikationsstätten, um neue Produktionsverfahren kennenzulernen. Auch eine Fahrt in der ersten 1830 in Betrieb genommenen Personendampfeisenbahn von Liverpool nach Manchester gehörte zu seinem Reiseprogramm.[40]

In zwei Publikationen aus den Jahren 1836 und 1839 behandelte Magnus Themen aus dem Bereich des Elektromagnetismus. Gerade im Vergleich zu Faraday war ihm bewußt, mit seinen Beiträgen nur einzelne Beobachtungen beizusteuern.[41]

Heirat und Hauskauf – ein neuer Rahmen für Lehre und Forschung

Das Jahr 1840 stellte für Magnus in mehrfacher Hinsicht eine wichtige Zäsur dar. Die Berliner Akademie der Wissenschaften machte ihn zu ihrem Mitglied und signalisierte damit die allgemeine Anerkennung der Fachwelt. Dabei wurde er ausschließlich als Chemiker wahrgenommen. So hieß es in dem Aufnahmevorschlag, daß Magnus »durch seine wissenschaftlichen Forschungen in der Chemie

---

37 Magnus an das Kultusministerium vom 1.4.1834 (Anmerkung 36). UA der HUB, Berichtsforderung des Ministeriums über das Gesuch des Dr. Magnus vom 4.1.1834, Vorlage des Berichts am 10.2.1834, Sitzungsprotokolle der Phil. Fak. 24/1, Bl. 44 u. 46.
38 Magnus an Berzelius vom 26.5.1834. In: Hjelt, S. 94-97. Magnus an Berzelius, 1834, kein genaues Datum. In: Hjelt, S. 111-113.
39 Magnus an Berzelius vom 28.4.1832. In: Hjelt, S. 72-73.
40 Magnus an Berzelius vom 8.7.1835. In: Hjelt, S. 114-116. Undatierter Brief von Wöhler abgedruckt in A. W. Hofmann (Anmerkung 1), S. 57.
41 G. Magnus: Ueber die Wirkung des Ankers auf Electromagnete und Stahlmagnete. Annalen der Physik 38 (1836), S. 417-443. Idem: Ueber die Wirkung von Bündeln aus Eisendraht beim Oeffnen der galvanischen Kette. Annalen der Physik 47 (1839), S. 95-105. Magnus an Berzelius vom 24.6.1836. Nicht in Hjelt.

sehr vorteilhaft bekannt [sei].«[42] Vier Publikationen wurden ausdrücklich hervorgehoben. Der Schwerpunkt seiner Forschung lag bis dahin auch tatsächlich in der Chemie. Dagegen standen die Technologie und noch mehr die Physik im Mittelpunkt seiner Lehrtätigkeit.

Jenes Jahr bescherte Magnus nicht allein fachliche Erfolge. Im Alter von nunmehr 38 Jahren fand er in Bertha Humblot (1820-1910), einer 19jährigen Verlegerstochter hugenottischer Herkunft, seine Lebenspartnerin. Der Heirat am 27.5.1840[43] folgten Veränderungen, die auch einen neuen Abschnitt des wissenschaftlichen Lebens einleiteten. Der Kauf eines Hauses gab seinen Aktivitäten nicht nur einen anderen Rahmen, sondern eröffnete ihm auch andere Perspektiven. Berzelius schrieb er zwei Wochen nach der Trauung:

> »Bis jetzt bin ich ... genötigt gewesen alle Instrumente für meine Vorlesung über Physik aus meiner Wohnung nach der Universität tragen zu lassen. Dies verdirbt nicht nur die Sachen, sondern hat mich auch eine ungeheure Zeit gekostet. Ich habe bis jetzt von der Regierung keine Abhülfe erhalten können, und habe mich deshalb entschlossen[,] mir ganz in der Nähe der Universität ein Haus zu kaufen, dort würde ich einen Hörsaal einrichten und hoffe dadurch das an Zeit zu gewinnen[,] was durch meinen neuen Stand verloren geht.«[44]

Im Sommer erwarb er dann das Haus am Kupfergraben.[45] Darin richtete er sich sowohl den erwähnten eigenen Hörsaal als auch ein Laboratorium ein und dort bekam nun das physikalische Kabinett, zu dessen Vorstand das Ministerium ihn 1842 ernennen sollte[46], ein neues Domizil.

Auf Druck der anderen Physik lehrenden Professoren Dove und Adolph Erman (1806-1877) wurde das Kabinett 1844 aus dem privaten Bereich von Magnus herausgenommen und im Universitätsgebäude aufgestellt.[47] Allerdings durften sie die Geräte auch dann nur gegen einen Leihschein entnehmen, was einige Zeit vor der betreffenden Vorlesung beantragt werden mußte.[48] Abgesehen von solchen Formalitäten fühlten sie sich ganz allgemein in der Nutzung des Kabinetts behindert.[49] Magnus versuchte offenbar den Vorteil zu wahren, den ihm der Besitz der Geräte verschaffte. Ab 1847 enthielt das amtliche Personalverzeichnis dann einen Hinweis auf eine »physikalische Apparatensammlung« mit Magnus als Direktor. Nach dem Umzug des Kabinetts verlegte er auch seine Vorlesungen wieder in die Universität.

---

42 H. Rose: Wahlvorschlag für Gustav Magnus, datiert mit dem 22.4.1839, abgedruckt in: Physiker über Physiker, Band 2, Berlin 1979, S. 55. Die Wahl erfolgte am 27.1.1840.
43 Nach A. W. Hofmann (Anmerkung 1), S. 59.
44 Magnus an Berzelius vom 14.6.1840 in Hjelt, S. 157-159.
45 Magnus an Berzelius vom 14.6.1840 u. 29.10.1840. In: Hjelt, S. 157-159 u. S. 164-165. Eine kurze Beschreibung der Räumlichkeiten gibt Groth (Anmerkung 26), S. 44-45.
46 SBPK, Magnus an das Kultusministerium vom 26.10.1842, Slg Darmst, Magnus F2d 1835(1), Bl. 18.
47 H. Rubens (Anmerkung 26), S. 279-280. W. Erman: Paul Erman. Ein Berliner Gelehrtenleben 1764-1851. Berlin 1927, S. 175.
48 P. v. Groth (Anmerkung 26), S. 42. UA der HUB, Abschrift (vermutlich von Dove) eines Gesuchs des Rektors an den Minister vom 23.3.1867, Phil. Fak. - Dekanat-Nr. 63, Bl. 3-4. Vgl. J. Auth u. H. Kossak (Anmerkung 28), S. 559.
49 W. Erman (Anmerkung 47), S. 175.

Bertha Magnus, geb. Humblot (1820-1910)

Seit 1842 bot er einzelnen Studenten die Möglichkeit, wissenschaftliche Untersuchungen kostenfrei in einem kleinen, in seinem Haus eingerichteten chemischen Laboratorium durchzuführen. Die Zulassung war davon abhängig, den Plan für ein selbständiges, ihm sinnvoll erscheinendes Projekt vorzulegen.[50] Das konnte u. a. Hermann Helmholtz (1821-1894) für eine seiner ersten physiologischen Untersuchungen nutzen. Magnus setzte die Studenten also nicht als Gehilfen zur Ausarbeitung der eigenen Ideen ein. Deshalb hängen ihre Veröffentlichungen weder inhaltlich zusammen, noch weisen sie methodisch gemeinsame Merkmale auf.

Am 18. April 1843 begann Magnus in dem großen Saal seines Hauses mit einer neuartigen Lehrveranstaltung, die er als physikalisches Kolloquium ankündigte. Hierfür mußten sich die Studenten persönlich bei ihm anmelden. Man traf sich im Abstand von ein oder zwei Wochen, bis 1845 nur im Sommer, danach in jedem Semester.[51] Zunächst wurden die jüngsten Veröffentlichungen unter den Anwesenden verteilt, die dann auf einer der nächsten Sitzungen darüber vortrugen. Die damit verbundenen Diskussionen vermittelten den Studenten eine Vorstellung von dem aktuellen Stand der Forschung. Gewiß half es auch Magnus dabei, sich in der Physik auf dem laufenden zu halten. Das Angebot von Tee und Gebäck sollte dem ganzen einen etwas privaten Charakter verleihen.[52] Unter den ersten zehn Teilnehmern befand sich u. a. Rudolph Clausius (1822-1888), der 1843 beispielsweise über den Neuabdruck von Clapeyrons »Bewegende Kraft der Wärme« referierte.[53] In 27 Jahren besuchten insgesamt 268 Teilnehmer das Kolloquium.[54] Es bildete auch die Keimzelle für die 1845 unabhängig von Magnus gegründete Berliner Physikalische Gesellschaft.

Die Berufung zum Ordinarius

In der akademischen Karriere stand der Schritt zu der höchsten Stufe der Hierarchie, dem Ordinariat, noch aus. Als der Extraordinarius für Physik Dove Berufungen nach Jena und Freiburg vorweisen konnte, bemühte sich die Fakultät, ihn mit einem Lehrstuhl in Berlin zu halten. In ihrem Schreiben vom 21. Februar 1844 an den Kultusminister verknüpfte sie dies mit einem Vorschlag der gleichzeitigen Verbesserung des Status von Magnus:

> »so daß bei der Beförderung des Professor Dove wir die Verhältnisse des Professor Magnus nicht unbeobachtet lassen, und dessen gleichmäßige Berücksichtigung dringend empfehlen müssen.«

---

50 A. Paalzow in einer am 4.1.1896 gehaltenen Ansprache bei dem fünfzigjährigen Stiftungsfest der Physikalischen Gesellschaft zu Berlin. Verhandlungen der Physikalischen Gesellschaft 15 (1896), S. 36-37. G. Wiedemann, ebd., S. 32-36.
51 A. W. Hofmann (Anmerkung 1), S. 182-183 und S. 178.
52 Es gibt eine kurze Schilderung eines studentischen Teilnehmers: G. Schubring: Die Erinnerungen von Karl Emil Gruhl (1833-1917) an sein Studium der Mathematik und Physik in Berlin (1853-1856). Jahrbuch Überblicke Mathematik 1985, Mannheim 1985, S. 143-173, hier: S. 158.
53 SBPK, Nachlaß A. v. Humboldt, Magnus an A. v. Humboldt vom 1.3.1858, K8, Nr. 15.
54 A. W. Hofmann (Anmerkung 1), S. 184.

Im weiteren wird auf seinen ausgezeichneten Ruf auch im Ausland hingewiesen. In der Lehre vertrete er das wichtige Fach der Technologie und als Vorstand des physikalischen Kabinetts sollte er ohnehin den Rang eines ordentlichen Professors haben.[55] Der zuständige Minister Johann Albrecht Friedrich Eichhorn (1779-1856) teilte, wie er in seiner Antwort vom 10. April 1844 ausführte, die Bewertungen von Dove und Magnus in allen Beziehungen. Die beifallswerten Leistungen des Professor Magnus hätten seine aufrichtige Anerkennung. Jedoch gäbe es an der Berliner Universität statt der vorgesehenen 17 bereits 29 ordentliche Professoren. Sobald die finanziellen Verhältnisse es erlaubten, sei er zu den gewünschten Schritten bereit. Jetzt würde er sich dazu außerstande sehen, da keine dringende Veranlassung vorläge.[56] Die Fakultät gab sich damit aber nicht zufrieden. In ihrem Schreiben vom 18. Juli wiederholte sie ihren Antrag und verwies auf die erst kürzlich erfolgte Berufung des Direktors der Berliner Sternwarte Johann Franz Encke (1791-1865) zum ordentlichen Professor.[57] Am 21. Januar 1845 gab der Minister nach und berief Dove zum ordentlichen Professor für Physik und Magnus zu dem für Technologie.[58]

Die formale Zuordnung der Professuren kann nicht darüber hinwegtäuschen, daß Magnus bereits zur dominierenden Gestalt der Berliner Physik geworden war. Es lag nicht allein an seiner Schlüsselstellung als Besitzer des physikalischen Kabinetts. Dieser Umstand hatte ihm für die Lehrtätigkeit eine besonders günstige Ausgangsposition verschafft. Entscheidend war seine Fähigkeit, im Rahmen des physikalischen Kolloquiums und des Laboratoriums im Lauf der Zeit einen großen Kreis junger Forscher um sich zu versammeln.

Ab Ostern 1863 konnte Magnus das Angebot für die Studenten nochmals erheblich erweitern. Er richtete in seinem Haus ein physikalisches Laboratorium ein, das bis zu acht Personen Platz bot. Mit der Anstellung eines eigenen Assistenten besaß es quasi den Charakter eines Universitätsinstituts, war aber trotz der staatlichen Zuschüsse eine private Einrichtung und demzufolge nicht im amtlichen Verzeichnis der Universität enthalten.[59] Im Unterschied zu den wenigen anderen physikalischen Laboratorien, die Studenten offenstanden wie die in Göttingen, Heidelberg, Königsberg, Leipzig oder Wien, ging Magnus hier mit der Förderung selbständiger Forschung über einen reinen Übungsbetrieb hinaus. Unter diesen Bedingungen entstanden in den sieben Jahren bis zu seinem Tod am 4.4.1870 etwa 50 publizierte Arbeiten von 15 Studenten.[60]

Die unzureichenden räumlichen Verhältnisse in der Universität veranlaßten Magnus wie auch Dove 1867, ein eigenes Institutsgebäude für die Physik zu

---

55 UA der HUB, Fakultät an Minister vom 21.2.1844, Phil. Fak. - Dekanat-Nr. 1456, Bl. 50.; vgl auch: SBPK, Dankschreiben von Magnus an die Fakultät vom 2.5.1844, Magnus Slg Darmst F2d 1835(1), Bl. 32.
56 UA der HUB, Minister Eichhorn an die Phil. Fak. vom 10.4.1844, Phil. Fak. - Dekanat-Nr. 1456, Bl. 154.
57 Fakultät an Minister vom 18.7.1844, ebd., Bl. 163.
58 Minister an die Phil. Fak. vom 21.1.1845, ebd., Bl. 174.
59 P. v. Groth (Anmerkung 26), S. 42-43.
60 A. W. Hofmann (Anmerkung 1), S. 190-191. Dessen Liste ist jedoch nicht vollständig.

beantragen.[61] Aber dies wurde erst Helmholtz, dem Nachfolger von Magnus bewilligt.

Die Rolle der Theorie in den Beiträgen zur Wärmelehre

Die Ansprüche des Unterrichts wirkten auch auf Magnus zurück und führten so zu einer allmählichen Verlagerung seiner Forschungsaktivitäten von der Chemie zur Physik. Einige Arbeiten waren vermutlich zunächst auch aus dem Bedürfnis entstanden, sich selbst ein besseres Verständnis bestimmter physikalischer Sachverhalte zu verschaffen. Das erklärt die kurze Behandlung ganz verschiedener Themen, die in seiner Liste der über 80 Publikationen eher isoliert erscheinen wie beispielsweise die einzige optische Untersuchung.[62] Zu einem Forschungsschwerpunkt wurde dagegen die Wärmelehre. Hier gibt es Verbindungen zwischen den einzelnen Arbeiten. Insbesondere während seines letzten Lebensjahrzehnts, in dem er sich diesem Gebiet fast vollständig widmete, weist sein Vorgehen eine erkennbare Systematik auf.

Allgemeine Aufmerksamkeit erweckte Magnus mit einer umfangreichen und langwierigen Untersuchung der Wärmeausdehnung der Gase, die 1842 erschien. Die Fragestellung hatte sich aus den Diskrepanzen zwischen den Resultaten anderer Autoren ergeben. Es handelte sich für Magnus nicht nur um die Präzisionsmessung einer Konstanten. Er wollte außerdem das Naturgesetz überprüfen, »ob nämlich alle Gasarten sich um denselben Coefficienten ausdehnen«, was er schließlich widerlegen konnte.[63]

Das sehr einseitige Bild von Magnus als das eines theoriefeindlichen, hauptsächlich an den empirischen Fakten orientierten Forschers beruht zu einem wesentlichen Teil auf der späteren Bewertung der Auseinandersetzung über Helmholtz' Schrift »Über die Erhaltung der Kraft« von 1847 durch Helmholtz selbst und dessen Biographen Leo Koenigsberger (1837-1921).[64] Mitunter hat auch die moderne Literatur diese Sicht recht unkritisch übernommen.[65] Magnus war darum gebeten worden, die Veröffentlichung in den Annalen der Physik zu vermitteln. Er verbarg eine gewisse Zurückhaltung in dieser Angelegenheit nicht und empfahl Helmholtz nach der Ablehnung durch Johann Christian Poggendorff (1796-1877) die Herausgabe einer separaten Broschüre. Magnus war ein entschiedener Gegner der spekulativen Naturphilosophie, die seiner Meinung nach den Wert des Experiments schlicht negierte und dem Glauben anhing, die Natur a

---

61 Eingabe vom 23.3.1867 (Anmerkung 48). H. Rubens (Anmerkung 26), S. 282-283.
62 G. Magnus: Ueber die Diffraction des Lichtes im leeren Raume. Annalen der Physik 71 (1847), S. 408-416.
63 G. Magnus: Ueber die Ausdehnung der Gase durch die Wärme. Annalen der Physik, 55 (1842), S. 1-27. Zitat: 4. Magnus an Berzelius vom 28.12.1841. Nicht in Hjelt.
64 H. Helmholtz (Anmerkung 1), S. 62-64. L. Koenigsberger: Hermann von Helmholtz. Band 1. Braunschweig 1902, S. 69-71.
65 D. Cahan: From Dust Figures to the Kinetic Theory of Gases: August Kundt and the Changing Nature of Experimental Physics in the 1860s and 1870s. Annals of Science 47 (1990), S. 151-72, hier: S. 153-154.

priori konstruieren zu können.[66] So hatte er schon anläßlich des Todes von Georg Wilhelm Friedrich Hegel (1770-1831) die Hoffnung geäußert, daß damit nun dessen Philosophie ebenfalls zu Grabe getragen werde.[67] Helmholtz meinte vor diesem Hintergrund, Magnus hätte auch die gesamte mathematische Physik als spekulativ angesehen, sie deshalb streng von der Experimentalphysik trennen wollen und von den Studenten verlangt, sich definitiv für eine der beiden Richtungen zu entscheiden.[68] Damit würden die Vorbehalte von Magnus gegenüber der »Erhaltung der Kraft« fast als zwangsläufig erscheinen und bedürften gar keiner näheren inhaltlichen Erklärung. Sie lassen sich jedoch differenzierter schildern. In zwei Briefen an den greisen A. v. Humboldt erläuterte Magnus noch 1858 seine negative Einschätzung.[69] Vieles empfand er einfach als hypothetisch und willkürlich. Magnus glaubte zwar, Wärme und Elektrizität müßten sich letztlich auf Bewegungen zurückführen lassen, aber ohne eine Kenntnis von der Art dieser Bewegungen erblickte er allein in der Aussage von der Energieerhaltung noch keine weiterführende Perspektive. Das Interesse von Magnus richtete sich darauf, die einzelnen unverstandenen Phänomene zu deuten, wie die Ausdehnung mit wachsender Temperatur oder den Vorgang der Wärmeübertragung. Ihn störte also nicht etwa der Gebrauch der Mathematik, sondern die fehlende experimentelle Verankerung. In seiner Rektoratsrede von 1861 äußerte er: »Theoretische Speculationen ... haben ... nur Werth und Bedeutung, sofern sie in der strengen Probe des Experimentes und der Erfahrung sich bewähren.«[70] Der deduktive Ansatz von Helmholtz hatte ihm in dieser Hinsicht nichts zu bieten. Deshalb darf man daraus aber nicht auf eine generelle Ablehnung des ohnehin nicht klar umrissenen Gebiets der mathematischen Physik oder der Theorie schließen. Dem würde auch die Förderung widersprechen, die theoretisch orientierte Wissenschaftler wie Clausius und Gustav Robert Kirchhoff (1824-1887) durch Magnus erfuhren.[71] Bei seinem Doktoranden Emil Warburg (1846-1931) akzeptierte er sogar eine Dissertation mit einem ausführlichen mathematisch-theoretischen Abschnitt. Die Mathematik wurde in Form einer Differentialgleichung vierter Ordnung zur Beschreibung eines speziellen Schwingungssystems eingesetzt. Das lag zwar außerhalb der Kompetenz von Magnus, der um ein zusätzliches Gutachten des Mathematikers Karl Weierstraß (1815-1897) bat.[72] Der Vorgang bestätigt aber, daß für Magnus zunächst nicht unbedingt ein Gegensatz zwischen der experimentellen und der mathematisch-theoretischen Vorgangsweise bestand. Entscheidend war für ihn vielmehr, ob – wie im Fall von Warburg auch gegeben – eine Verbindung der Theorie zu den experimentellen Tatsachen existierte. Gewarnt hat er aber immer wieder eindringlich vor einer sich

---

66 G. Magnus: Festrede auf der Universität zu Berlin am 3. August 1862. Berlin 1862, S. 12.
67 Magnus an Berzelius vom 2.11.1831. In: Hjelt, S. 62-63.
68 H. Helmholtz (Anmerkung 1), S. 63. L. Koenigsberger (Anmerkung 64), S. 69.
69 Magnus an A. v. Humboldt 1.3.1858 und 19.3.1858 (wie Anmerkung 53).
70 G. Magnus (Anmerkung 66), S. 24.
71 S. L. Wolff: August Kundt (1839-1894): Die Karriere eines Experimentalphysikers. Physis 29 (1992), S. 403-446, hier: S. 407.
72 S. L. Wolff: Emil Warburg (1846-1931) - mehr als ein halbes Jahrhundert Physik. Physikalische Blätter 48 (1992), S. 275-279, hier: S. 275.

von den Fakten entfernenden Spekulation. An diese für ihn so wichtigen Regeln soliden Naturforschung soll er seine Studenten gelegentlich mit dem schlichten Ausspruch »man kann nicht vorsichtig genug sein« erinnert haben.[73]

Dementsprechend hielt sich Magnus bei seinen Untersuchungen mit Mutmaßungen über die Natur der Wärme zwar zurück, völlig unterdrücken wollte er derartige Betrachtungen aber auch nicht. Einzelne Bemerkungen zeigen, daß er wiederholt nach einem Weg suchte, den zugrundeliegenden Mechanismus zu erfassen.

Das Phänomen der thermoelektrischen Ströme schien eine Möglichkeit zu sein, die Elektrizität über die hier vorkommende Verknüpfung mit der Wärme besser zu verstehen. Für Magnus war es die Motivation, sich genauer mit dieser Thematik zu beschäftigen. Anfangs vermutete er, daß die Bewegung der Wärme bzw. ihre Leitfähigkeit für den Effekt verantwortlich sei. Einige Wissenschaftler behaupteten außerdem, daß er direkt mit dem Wärmestrahlungsvermögen der betreffenden Metalle zusammenhinge. Die Versuchsergebnisse von Magnus widersprachen jedoch beidem und abgesehen von einer ihn offensichtlich selbst nicht befriedigenden Analogie konnte er keine Erklärung anbieten.[74]

Die bekannte Beobachtung, daß ein unter Strom stehender Platindraht in einer Wasserstoffatmosphäre weniger glühte als in Luft, veranlaßte Magnus 1860 zu der Untersuchung der Frage, ob es nicht auch bei den Gasen neben der Strömung noch eine Wärmeübertragung durch Leitung gibt.[75] Magnus dachte an einen Vorgang, der demjenigen bei den Metallen entsprechen sollte. Er machte auch eine Andeutung seiner mikroskopischen Vorstellung davon. Demnach vermochte das Gas die Wärme »von Theilchen zu Theilchen abzugeben«, womit eine Art molekularer Strahlung gemeint war.[76]

Dieser Anschauung, die eigentlich über die gesicherten experimentellen Tatsachen hinausging, konnte er dann in zwei Arbeiten über die Polarisation der Wärmestrahlung ein besseres Fundament geben. Magnus wies nach, daß »die Wärme sich ausschließlich durch transversale Oscillationen fortpflanzt«, und folgerte, daß sie sich im Innern der ausstrahlenden Substanzen in gleicher Weise ausbreiten würde. So gelangte er schließlich zu der allgemeinen Aussage, auch die Leitung innerhalb der Körper beruhe allein auf transversalen Schwingungen.[77] Im Zusammenhang mit den von ihm hier verwendeten Intensitätsformeln von Fresnel konsultierte er Leopold Kronecker (1823-1891), einen Kollegen aus der Mathematik.[78]

---

73 P. v. Groth (Anmerkung 26), S. 45-46.
74 G. Magnus: Ueber thermoelektrische Ströme. Annalen der Physik 83 (1851), S. 469-504.
75 G. Magnus: Ueber die Verbreitung der Wärme in Gasen. Annalen der Physik 112 (1861), S. 497-548.
76 Ebd., S. 501. Vgl. S. G. Brush: The Kind of Motion We Call Heat. Band 2: Statistical Physics and Irreversible Processes. Amsterdam und New York 1976, S. 486-487.
77 G. Magnus: Ueber die Polarisation der ausgestrahlten Wärme und ihren Durchgang durch parallele Platten. Annalen der Physik 127 (1866), S. 600-613, hier: S. 612-613. Idem: Ueber die Polarisation der Wärme von 100°C und die Bewegung bei der Wärmeleitung. Annalen der Physik 134 (1868), S. 45-64, hier: S. 48-49.
78 A. W. Hofmann (Anmerkung 1), S. 174.

Natürlich war Magnus durch die Ausbildung in den chemischen Laboratorien zu einem vorwiegend experimentell arbeitenden Wissenschaftler geworden. Für die anspruchsvollere Mathematik fehlte ihm deshalb die Kompetenz. Die kinetische Gastheorie hat er bei seinen Betrachtungen über die Natur der Wärme offenbar ignoriert. Dennoch zeigen seine oben erwähnten Ansätze, daß er theoretische Überlegungen, wenn sie in seiner Sicht frei von metaphysischen Spekulationen waren, keinesfalls ablehnte, sondern mitunter sogar in die eigene Forschung einbezog.

Schlußbemerkungen

Es war nicht die Folge einer einzelnen Entscheidung, die Magnus von der Chemie zur Physik wechseln ließ, sondern das Resultat einer längeren Entwicklung. Die beiden Fächer waren auch nach der allmählichen Zurückdrängung der Stofftheorien inhaltlich nicht weit voneinander entfernt. Das Umfeld der jeweiligen Ausbildung stellte sich dagegen noch recht unterschiedlich dar. Der Physik fehlten die Laboratorien der Chemiker, die den Studenten das Experimentieren in einer persönlichen Atmosphäre ermöglichen.

Auch Magnus war von der Arbeit in diesen Privatlaboratorien geprägt worden. So mußte er die Situation in der Physik, der er sich insbesondere durch seine Vorlesungstätigkeit stärker zugewandt hatte, als unbefriedigend empfinden. Günstige äußere Bedingungen erlaubten es ihm, mit der Einrichtung von Laboratorien und der Einführung eines physikalischen Kolloquiums neue Strukturen für die Berliner Physik zu schaffen.

Magnus gelang es so durch seine Initiativen noch als Einzelperson, einen organisierten physikalischen Lehr- und Forschungsbetrieb aufzubauen. Zu Beginn seiner Laufbahn hatten nur sehr eingeschränkte Möglichkeiten für ein systematisches Physikstudium existiert, am Ende trat die Entwicklung durch die beabsichtigten Gründungen großer Institute dann in eine neue Phase ein.

Verwendete Abkürzungen

BSB:	Bayerische Staatsbibliothek, München.
DM:	Handschriftenabteilung Deutsches Museum, München.
SBPK:	Staatsbibliothek Preußischer Kulturbesitz, Berlin.
Slg Darmst:	Sammlung Darmstaedter.
UA der HUB:	Universitätsarchiv der Humboldt-Universität, Berlin.

Das Grab von Gustav Magnus auf dem Dorotheenstädtischen Friedhof in Berlin-Mitte

Gustav Magnus und seine Berliner Physiker-Schule

Horst Kant

In seiner Gedenkrede auf Gustav Wiedemann (1826-1899) bemerkte Wilhelm Ostwald (1853-1932), der sich bekanntlich sehr intensiv mit der Psychologie der schöpferischen Wissenschaftlerpersönlichkeit beschäftigt hat, 1899 im Zusammenhang mit Wiedemanns Studium in Berlin:

>»Magnus war einer der merkwürdigen Männer, die bei mäßiger eigener Begabung durch die Gesamtheit ihres Einflusses die besten unter ihren jüngeren Zeitgenossen heranzuziehen und in ihnen die Keime zu entwickeln wissen, die ihrer persönlichsten Eigenart entsprechen. Während man nicht von einer Magnusschen Schule in solchem Sinne sprechen darf, daß er einen Kreis von jüngeren Männern mit seinen Gedanken erfüllt und zur Mitarbeit an seinen eigenen Arbeiten herangezogen hätte, besteht doch die Tatsache, daß er die einflußreichste Schule von Physikern in Deutschland ins Leben gerufen und erhalten hat. Er erzielte dies, indem er mit größter Bereitwilligkeit jeden, der ernsthaft arbeiten wollte, mit den reichen Mitteln seiner Privatsammlung unterstützte, und ihm soviel Führung angedeihen ließ, als er brauchte, um auf eigenen Füßen stehen zu können. Dann ließ er ihn ungestört weiter arbeiten, und hatte oft genug die selbstlose Freude, daß ihm seine Schüler schnell über den Kopf wuchsen.«[1]

Diese Beschreibung enthält bereits die wesentlichen Charakteristika des informellen Kreises jüngerer Wissenschaftler um Gustav Heinrich Magnus (1802-1870) in der Mitte des vorigen Jahrhunderts.[2] Dieser Kreis bildete sich um ihn, seit er in Berlin an Gewerbeschule, Artillerie- und Ingenieurschule sowie vor allem an der Universität wirksam wurde[3] – also etwa seit Mitte der dreißiger Jahre des vorigen Jahrhunderts –, insbesondere aber, nachdem er sich das bekannte Haus Am Kupfergraben 7 erworben und darin sein Privatlaboratoium eingerichtet hatte. Hinzu kamen zwei nicht zu unterschätzende kommunikative

---

1 Ostwald, W.: Gustav Wiedemann (Gedenkrede). Abhandlungen und Vorträge allgemeinen Inhalts. Leipzig 1916, S. 395-403 (hier S. 396) - Ostwald setzt dann fort: »Ein weiterer für den Erfolg der Magnusschen Lehrmethode wichtiger Umstand ist der, daß Magnus in gleichem Maße Physiker wie Chemiker war. Als einer der letzten jener Reihe hervorragender Forscher aus der ersten Hälfte des 19. Jahrhunderts, denen diese beiden Wissenschaften durchaus eine Einheit waren, hat er in beiden Richtungen Anregungen gegeben und Schüler ausgebildet.« (S. 397).

2 Zur Biographie vgl. vor allem: Helmholtz, H. v.: Gedächtnisrede auf Gustav Magnus. In: Physiker über Physiker II, Hg. von Ch. Kirsten und H.-G. Körber; Akademie-Verlag Berlin 1979, S. 56-66. - Hofmann, A. W.: Zur Erinnerung an Gustav Magnus. Berichte der Deutschen Chemischen Gesellschaft 3 (1870), S. 993-1101. - Kant, H.: Entscheidende Impulse für die Entwicklung der Physik in Berlin; Gustav Magnus zum 175. Geburtstag. Physik in der Schule 15 (1977) 5, S. 187-191. - Prandtl, W.: Deutsche Chemiker in der ersten Hälfte des neunzehnten Jahrhunderts. Weinheim 1956, darin S. 303-314. - Pringsheim, P.: Gustav Magnus. Die Naturwissenschaften 13 (1925) 3, S. 49-52.

3 Die wichtigsten Stationen der Magnusschen Lehrtätigkeit sind: 1831/32 Vertretung von Friedrich Wöhler als Chemielehrer an der Berliner Gewerbeschule, 1832-40 Physik an der Vereinigten Artillerie- und Ingenieurschule, 1850-56 chemische Technologie am Gewerbeinstitut; an der Berliner Universität seit 1834 mit einem Extraordinariat für Chemische Technologie betraut, wurde er 1845 Physikordinarius und las nun regelmäßig im Wintersemester Physik und im Sommersemester Chemische Technologie (während H. W. Dove, seit 1829 ao Prof. für Physik und seit 1845 ebenfalls o. Prof. für Physik an der Berliner Universität, im Sommer- und Wintersemester Experimentalphysik las).

Aspekte – das wissenschaftliche Kolloquium, zu dem er ab 1843 allwöchentlich jeweils etwa zehn besonders interessierte Studenten und jüngere Wissenschaftler einlud (für damalige Verhältnisse bereits ein relativ großer Kreis)[4] und der multikulturelle Kreis von Wissenschaftlern, Künstlern, Politikern sowie aufstrebendem Industrie- und Geldbürgertum, der sich regelmäßig in seinem Haus und Garten versammelte.

Der Terminus »Wissenschaftliche Schule« wird immer wieder verwendet, um in der Wissenschaftsentwicklung eine spezielle Organisationsform bei der Vermittlung wissenschaftlichen und methodischen Gedankenguts zu beschreiben, die über den reinen Lehrbetrieb einer Hochschule oder Universität hinausgeht (und auch nicht an diesen gekoppelt sein muß). Benutzt man diesen Terminus in den Geisteswissenschaften bis ins Altertum zurück (z. B. spricht man von der Schule des Aristoteles), so spielen Schulen in den Naturwissenschaften erst seit Mitte des vorigen Jahrhunderts eine Rolle, was ganz wesentlich mit dem Entwicklungsstand dieser Wissenschaften zusammenhängt, den Disziplinbildungsprozessen, den Wechselbeziehungen zur Technik und der Etablierung des Berufsstandes »Naturwissenschaftler« i. w. S. Betrachtet man den Terminus »Wissenschaftliche Schule« näher, so fällt auf, daß er zwar häufig verwendet wird, aber nach wie vor in einem mehr umgangssprachlichen, unscharfen Sinne. Versucht man den Begriff genauer zu fixieren, zeigt sich zumeist, daß herausgearbeitete Merkmale nur auf einen konkreten Fall zutreffen und ihre Übertragbarkeit auf andere Fälle bereits fraglich wird. Als ein Minimum an Bestimmungsstücken nannte Hubert Laitko schon vor längerer Zeit:[5]

1. »Wissenschaftliche Schule« ist ein Phänomen des Forschungsprozesses; außerhalb der Produktion neuer wissenschaftlicher Resultate kann man nicht von wissenschaftlichen Schulen sprechen.
2. »Wissenschaftliche Schule« ist ein soziales Gruppenphänomen, ein Phänomen des Zusammenhangs zwischen verschiedenen forschend tätigen Persönlichkeiten. Über den Charakter dieses Zusammenhangs gehen die Ansichten allerdings auseinander.
3. »Wissenschaftliche Schule« ist eine Erscheinung des Zusammenhangs zwischen zeitlich distanten Forschungsprozessen und damit auch zwischen Individuen, die in einer Zeitfolge tätig sind. Im ausgeprägtesten Fall liegen in einer Schule Folgen von Wissenschaftlergenerationen vor.

Einig ist man sich desweiteren bei der Bestimmung einer »Wissenschaftlichen Schule« dahingehend, daß sie an eine hervorgehobene Wissenschaftlerpersönlichkeit und ein wissenschaftliches Konzept gebunden ist – umgekehrt muß aber ein herausragender Wissenschaftler nicht unbedingt eine Schule bilden (siehe etwa Albert Einstein), und Schüler zu haben, bedeutet noch nicht, eine wissenschaftliche Schule gebildet zu haben.[6]

---

4   Von 1843-45 hielt er diese Kolloquia nur im Sommer, ab 1846 aber in allen Semestern ab. [vgl. A. W. Hofmann: Zur Erinnerung ... a. a. O., S. 1091 u. S. 1094].
5   Laitko, H.: Der Begriff der wissenschaftlichen Schule - theoretische und praktische Konsequenzen seiner Bestimmung. In: Wissenschaftliche Schulen Bd. 1. Hg. von S. R. Mikulinskij, M. G. Jaroševskij, G. Kröber, H. Steiner (= Bd. 11-1 der Reihe »Wissenschaft und Gesellschaft«). Berlin 1977, S. 257-290, hier S. 264.
6   Vgl. die verschiedenen Beiträge in: Wissenschaftliche Schulen. Berlin 1977, a. a. O.

Gustav Magnus

Tafel 1: Bestimmung einiger nichtformeller Physikergruppen im 19. Jahrhundert als wissenschaftliche Schulen

	bedeutende Resultate	pädagogische Meisterschaft	besondere wissenschaftl. Atmosphäre	Stil Programm	mehr als 10 hochqualif. Schüler	bedeutende Resultate der Schüler	kann man von einer Schule sprechen?
F. v. Neumann	+	+	+	-	-	+	-
G. Magnus	-	+	+	-	+	+	-
E. Lenz	+	+	-	-	-	-	-
H. Helmholtz	+	-	-	-	-	+	-
Petruschewskij	-	+	-	-	-	-	-
J. C. Maxwell	+	+	-	-	-	+	-
J. Stephan	+	+	-	-	-	+	-
M. Avenarius	-	+	-	-	-	-	-
A. Kundt	+	+	+	+	+	+	+
A. Stoletov	+	+	-	-	-	+	-
W. Röntgen	+	-	-	-	-	+	-
J. Thomson	+	+	+	+	+	+	+
P. Lebedev	+	+	+	+	+	+	+

Nach Ju. Chramov, Kiev 1987.

In einem neueren Heft der Zeitschrift *Osiris* wird der Problemkomplex »Wissenschaftliche Schule« abermals zu thematisieren versucht. Dabei spielt der Begriff des sogenannten »tacit knowledge« - also des »unsichtbaren«, nichterfaßbaren (Hintergrund-)Wissens - eine wesentliche Rolle, wird allerdings von Kathryn Olesko in ihrem Einleitungsbeitrag in Bezug auf seine Aussagefähigkeit auch kritisch hinterfragt.[7]

Nicht zuletzt zeigt aber die andauernde Diskussion um den wissenschaftlichen Schulenbegriff, daß das konkrete Wissen um historische Wissenschaftliche Schulen immer wieder viele Lücken offenbart.

Der Kiever Physikhistoriker Jurij Chramov hat sich aus diesen Diskussionen für seine Untersuchung wissenschaftlicher Schulen in der Physik sechs Faktoren für ihre Charakterisierung vorgegeben[8]:

- ein herausragender Forscher als Leiter der Schule
- ein beherrschender Arbeits- und Denkstil, Methodik
- ein bestimmendes wissenschaftliches Konzept (»fundamentale Idee«), Forschungsprogramm
- eine besondere wissenschaftliche Atmosphäre

---

7 Olesko, K. M.: Tacit Knowledge and School Formation. Osiris (Second Series) 8 (1993), S. 16-29.
8 Chramov, Ju. A.: Naučnye školy v fizike. Kiev 1987, S. 13.

- eine hohe Qualifikation der Mitglieder der Forschungsgruppe
- die große Bedeutung der Ergebnisse (insbesondere auch der Schüler) für das Arbeitsgebiet und darüber hinaus.

Setzt man noch eine gewisse Mindestzahl an Schülern voraus (Chramov veranschlagt für das 19. Jh. eine Größenordnung von wenigstens 10 und für das 20. Jh. von 20 Schülern), erhält man für eine Reihe informeller Gruppen, die im 19. Jahrhundert um einige Physiker bestanden, nach Chramov eine Übersicht entsprechend der Tafel 1.

Für das 20. Jahrhundert erhält Chramov dann beispielsweise für die Gruppen um Niels Bohr (1885-1962), Max Born (1882-1970), Abram Ioffe (1880-1960), Robert Pohl (1884-1976), Ernest Rutherford (1871-1937), Arnold Sommerfeld (1868-1951) oder Igor Tamm (1895-1971) – um nur einige zu nennen – eine durchgehend positive Bewertung seiner Kriterien und damit die Einstufung als »Wissenschaftliche Schule«.[9]

Nach Chramovs Kriterien bildeten also Magnus ebenso wie Franz Ernst Neumann (1798-1895) keine wissenschaftliche Schule. Bezüglich Magnus deutete das ja auch Ostwald in der eingangs zitierten Rede an. Andererseits schrieb der Magnus-Schüler Wiedemann 1890 in den *Annalen der Physik*, daß es drei Schulen gewesen seien, die die Physik in Deutschland in der Mitte des 19. Jahrhunderts geprägt hätten: zum einen die auf Grund seiner chemischen Herkunft stärker experimentell orientierte unter Gustav Magnus an der Berliner Universität und zum anderen die unter Wilhelm Weber (1804-1891) in Göttingen und Franz Neumann in Königsberg, beide stärker durch eine Kombination aus mathematischen und experimentellen Methoden charakterisiert.[10] Und Adolf Harnack (1851-1930) bemerkte in seiner Akademiegeschichte im Jahre 1900, allerdings unter Benutzung nur des Terminus »Schüler«:

> »... Die zahlreichen Schüler, die er gebildet hat und die nun die physikalischen Lehrstellen in Deutschland besetzen, trugen die sicherste Einsicht mit fort, dass moderne Physik nicht ohne Experimente getrieben und gelehrt werden könne. Ihre energischen Forderungen ausreichender Mittel zur Begründung physikalischer Kabinette blieben nicht ohne Erfolg: somit verdankt man diese ganz wesentlich der von Magnus ausgegangenen Anregung und Schulung.«[11]

Auf diesem Hintergrund sei nun der informelle Kreis jüngerer Wissenschaftler um Magnus etwas näher betrachtet. Am ehesten läßt sich als Schüler bestimmen, wer im Laboratorium unter Magnus' Anleitung gearbeitet hat. Wie gesagt, hat Magnus sich sein Privatlaboratoium im Jahre 1842 eingerichtet. An der Berliner Universität war zu jener Zeit lediglich eine bescheidene Sammlung Physikalischer Apparate für Demonstrationszwecke und Experimente vorhanden, die im wesentlichen erst nach 1833 durch Magnus selbst und von seinem Gelde zusammengetragen worden war und nach und nach infolge eines zur Verfügung gestellten bescheidenen festen Universitätsetats in den Besitz der Universität überging.

---

9 Ebd. S. 67.
10 Wiedemann, G.: Vorwort. Annalen der Physik und Chemie N. F. 39 (1890) 1, S. I-IV, hier S. II.
11 Harnack, A.: Geschichte der Königlich Preussischen Akademie der Wissenschaften zu Berlin, Bd. 1.2, Berlin 1900, S. 808 f.

Über das Zimmer im Universitätshauptgebäude, in dem diese Sammlung aufbewahrt wurde, schrieb Magnus 1860:

> »Es genügt zwar bis jetzt für die Aufstellung der Instrumente, allein es entbehrt jeder Räumlichkeit, in der ein Versuch angestellt werden könnte, noch weniger eignet es sich für irgend eine physikalische Untersuchung. Trotz dieser ungünstigen Verhältnisse sind verschiedene Arbeiten von jüngeren Physikern mit den Hülfsmitteln der Sammlung ausgeführt worden.«[12]

Das vollzog sich derart, daß die entsprechenden benötigten Instrumente in Magnus' Privatlaboratorium gebracht – die Entfernung war ja nicht groß – und dort benutzt wurden. In seinem Privatlaboratorium räumte Magnus interessierten Schülern entsprechende Arbeitsmöglichkeiten ein. Insofern ist es in gewissen Grenzen auch gerechtfertigt, davon zu sprechen, daß das Magnussche Laboratorium praktisch seit 1842 zugleich das erste Berliner Physikalische Universitätslaboratorium darstellte. Die Sammlung befand sich seit 1844 in einem Raum neben dem Hörsaal 18 im Ostflügel des Hauptgebäudes, und dies waren die einzigen Physikräume, die die Universität besaß. War Magnus seinen Schülern gegenüber relativ großzügig, so seinen Kollegen gegenüber offenbar etwas weniger, denn Heinrich Wilhelm Dove (1803-1879) beschwerte sich mehrfach, daß er die Sammlung für Vorlesungszwecke kaum mitbenützen dürfe.[13]

Im Jahre 1863 ergab sich ein entscheidender Wandel, der allerdings an den Äußerlichkeiten kaum etwas änderte. Magnus konnte bei der Universität und dem Minister den Antrag auf Gründung eines Physikalischen Universitätslaboratoriums durchsetzen, als welches zwar weiterhin sein Labor am Kupfergraben fungierte, aber nun gegen eine jährliche Mietentschädigung und der Möglichkeit, einen Laboratoriumsdiener zu besolden.[14] Daneben bestanden weiterhin die genannten

---

12 Köpke, R.: Die Gründung der Kgl. Friedrich-Wilhelms-Universität zu Berlin. Berlin 1860, S. 284 f.

13 Andererseits muß man wohl auch davon ausgehen, daß Magnus einen Großteil der Instrumente ja zunächst selbst finanziert hatte. Doch wurde Dove bei der Einrichtung der Sammlung auch etwas übergangen, wie er 1842 in einem Brief schrieb: »... das Unerfreuliche, daß der Mangel eines physikalischen Auditoriums, oder wenigstens eines kleinen Zimmers, in welchem die Versuche vorbereitet werden können, mich verhindert sie [die Vorlesungen - H. K.] so zu halten, wie es ohne diese auf der Hand liegenden Übelstände möglich wäre. ... daß die Fakultät bei der neuen Einrichtung des Universitätslokales so verfährt, als wenn ich gar nicht existierte, und mich daher nie einer Frage, ob ich einen Wunsch haben könnte, gewürdigt hat, ...« [H. Neumann: Heinrich Wilhelm Dove, Eine Naturforscher-Biographie; Liegnitz 1925. Zit. nach H.-G.Körber: Beiträge von Berliner Physikern zur Entwicklung der Physik der Atmosphäre. In: ITW der AdW der DDR, Kolloquien Heft 24 (= Berliner Wissenschaftshistorische Kolloquien III), Berlin 1981, S. 181. - Aber auch in den sechziger Jahren scheint es diesbezüglich Differenzen mit den ao. Professoren Schneider und Quincke gegeben zu haben [vgl. Brief von Dove an den Rektor vom 25.11.1867, abgedruckt in Wiss. Z. d. Humboldt-Univ. Berlin, M-N-Reihe 32 (1983) 5, S. 557]; in diesem Zusammenhang habe Magnus dann erklärt, daß er, solange es sich nur um Dove und ihn handele, nichts dagegen habe, daß jener für Vorlesungszwecke unter bestimmten Bedingungen Apparate aus der Sammlung erhalte. - Auch Magnus' Vorgänger und Lehrer Paul Erman (1764-1851), der bis 1845 als der eigentliche Ordinarius für Physik die Hauptvorlesung hielt, hatte bis dahin kaum Zugang zu der von Magnus angelegten Sammlung; er hatte aber bereits zuvor einen Instrumente zu Demonstrationszwecken benutzt und selbst zum Aufbau der Sammlung beigetragen. Dove hingegen betreute außerhalb der Universität die Sammlungen an der Artillerieschule, der Gewerbeakademie und der Kriegsschule [Wiss. Z. d. Humboldt-Univ. Berlin, M-N-Reihe 32 (1983) 5, S. 558].

14 Rubens, H.: Das physikalische Institut. In: M. Lenz, Geschichte der Königlichen Friedrich-Wilhelms-Universität zu Berlin Bd. 3, Halle 1910, S. 278-296; auch in: Wiss. Z. d. Humboldt-Univ. Berlin M-N-Reihe 32 (1983) 5, hier speziell S. 584.

Das Magnus-Haus am Kupfergraben

Das 1878 eingeweihte Physikalische Institut am Reichstagsufer

Räumlichkeiten im Universitätshauptgebäude. 1867 beantragte Magnus, unterstützt von der Fakultät, beim zuständigen Minister ein eigenes Gebäude für die Physik, doch der antwortete ihm, daß ein solches Gebäude nicht zu seiner Disposition stünde, stellte es der Universität jedoch anheim, »... die Angelegenheit in nähere Erwägung zu nehmen...«[15] Erst Magnus' Nachfolger Hermann Helmholtz (1821-1894) wurde die Realisierung eines Institutsneubaus zugesagt, was sich dann allerdings auch noch bis 1878 hinzog.[16]

Seit der Regelung von 1863 hielt Magnus regelmäßig das »Physikalische Laboratorium« mit experimentellen Übungen ab, das jeweils von 6-8 Studenten besucht wurde. Die Zahl der Arbeiten – die neben denen von Magnus selbst – zwischen 1843 und 1862 (20 Jahre) in seinem Laboratorium angefertigt und veröffentlicht wurden, beträgt etwa 29 Arbeiten von 15 Personen[17], zwischen 1863 bis 1870 (8 Jahre) sind es dann 15 Personen mit 48 Arbeiten, also mehr als doppelt so viel Personen pro Jahr (Tafel 2). Magnus selbst veröffentlichte im gleichen Gesamtzeitraum mindestens 45 Abhandlungen, davon 36 physikalische (das sind rund 4/5 bzw. 80% aller seiner Arbeiten in diesem Zeitraum).[18] Bei den Arbeiten seiner Schüler ergibt sich ein Verhältnis zwischen chemischen zu physikalischen Arbeiten von 22 : 52 (bzw. cirka 70% der Arbeiten sind physikalischen Problemen gewidmet).[19] Das bedeutet, daß die Schwerpunktverlagerung bei Magnus von der Chemie zur Physik sich auch bei seinen Schülern eindeutig abzeichnet.[20] – Wenn auch die Zahlenangaben bei umfassenderer Kenntnis noch einige Korrekturen erfahren werden, so dürfte dies am Trend der Aussagen kaum etwas ändern.

Wir haben bisher keine genaueren Angaben darüber, wer eventuell noch im Magnusschen Laboratorium gearbeitet hat, ohne als direktes Ergebnis eine dementsprechende Publikation vorzulegen. Magnus selbst schrieb beispielsweise 1860, daß neben diesen Arbeiten »... noch manches andere von verschiedenen jungen Männern untersucht worden ist, das sich indeß weniger zur Veröffentlichung eignete, ...«[21]

Auch müssen bisher vorliegende Angaben kritisch überprüft werden, wie am Beispiel Helmholtz kurz angedeutet werden soll. August Wilhelm Hofmann (1818-1892) nennt als eine der im Magnusschen Laboratorium angefertigten Arbeiten

---

15 Zit. nach: Wiss. Z. d. Humboldt-Univ. Berlin, M-N-Reihe 32 (1983) 5, S. 559.

16 Vgl. u. a. H. Kant u. D. Hoffmann: Die Physik in Berlin von der Universitätsgründung bis zur Jahrhundertwende - Institutionalisierung, Hauptarbeitsgebiete, Wechselwirkungen mit der Industrie. In: ITW der AdW der DDR, Kolloquien Heft 24, Berlin 1981 (= Berliner Wissenschaftshistorische Kolloquien III), S. 129-175.

17 Hofmann nennt im Nachruf [Ber. Dtsch. Chem. Ges. 3 (1870) a. a. O., S. 1099-1101] 28 Arbeiten von 14 Autoren, hat dabei aber zumindest Lorenz Christian Langberg aus Christiana/Oslo vergessen.

18 Da keine vollständige Bibliographie der Arbeiten von G. Magnus vorliegt, wurden die Angaben zunächst auf Grund bisheriger Zusammentragungen aus A. W. Hofmann [a. a. O.], Poggendorffs Biographisch-literarischem Handwörterbuch und anderen ermittelt (deshalb die Angabe »mindestens«), wobei Grenzgebiete zur Physiologie, Geochemie, Kristallographie, physikalischen Chemie den beiden genannten Kategorien zunächst mit einer gewissen Willkür zugeschlagen wurden.

19 Dabei wurden die kristallographischen Arbeiten den physikalischen zugeordnet.

20 Was sich auch daran zeigt, daß in der früheren Periode mehrere spätere Physiker bei Magnus chemische Arbeiten machten, u. a. Beetz, Helmholtz und Wiedemann.

21 Magnus in Köpke: Die Gründung ..., a. a. O., S. 284.

Hermann von Helmholtz (1821-1894), Magnus-Schüler und 1871 Nachfolger von Magnus auf dem Physiklehrstuhl der Berliner Universität

| Tafel 2: Zahl der Arbeiten aus Magnus' Labor |

Hofmann nennt an veröffentlichten Arbeiten:

für 1843-1862 (nur Privatlabor)	14 Personen mit 28 veröffentlichten Arbeiten [dazu Langberg]	
für 1863-1870 (Privatlabor + Universitätslabor)	15 Personen mit 48 veröffentlichten Arbeiten	darunter: Paul Groth 9 August Kundt 9 C. Schultz-Sellack 8 Emil Warburg 7

Bei Aufteilung der Arbeiten auf Fachgebiete ergibt sich in etwa:

	Chemie	Physik	Kristallographie
1843-1862	17	8	2
1863-1870	6	34	8

Magnus selbst veröffentlichte mindestens:

	Chemie	Physik	Kristallographie
1826-1842	20	9	29
1843-1862	7	20	27
1863-1870	2	16	18

Da keine vollständige Bibliographie vorliegt, beruhen diese Zahlen auf den bisheriger Zusammentragungen, wobei Grenzgebiete zur Physiologie, Geochemie, Kristallographie oder physikalischen Chemie den beiden genannten Kategorien zugeschlagen wurden.

die von Helmholtz über Fäulnis, abgedruckt im *Journal für Praktische Chemie* von 1844[22]; diese Abhandlung ist aber lediglich ein Nachdruck der Arbeit »Über das Wesen der Fäulnis und Gährung« in *Müllers Archiv für Anatomie und Physiologie* von 1843[23] (vgl. auch Helmholtz-Bibliographie[24]). Helmholtz schrieb desweite-

---

22 Hofmann schreibt mit Verweis auf die dort (S. 1099) angefügte Zusammenstellung der Arbeiten von 1843-1862: »Unter den Arbeiten der frühesten Zeit begegnen wir auch einer Untersuchung des berühmten Naturforschers, welchem die Ehre zu Theil geworden ist, uns Gustav Magnus an der hiesigen Hochschule zu ersetzen. Die ersten Untersuchungen von Hermann Helmholtz, die Versuche über Fäulniss, sind in dem Laboratorium seines Vorgängers ausgeführt worden.« [A. W. Hofmann: Zur Erinnerung ... a. a. O., S. 1096].

23 Helmholtz, H.: Über das Wesen der Fäulnis und Gährung. Müllers Archiv für Anatomie und Physiologie (1843) S. 453-462. Auch in Helmholtz: Wissenschaftliche Abhandlungen Bd. 2, Leipzig 1883, S. 726-734.

24 D. Hoffmann, H. Kant, H. Reddner: Hermann von Helmholtz - Physiologe und Physiker. Eine Auswahlbibliographie der Buch- und Zeitschriftenliteratur. FSP Wissenschaftsgeschichte und -theorie der Förderungsgesellschaft Wissenschaftliche Neuvorhaben, Berlin 1993, Preprint Nr. 1, S. 7 (die Angaben zu den Originalarbeiten von Helmholtz fußen hier auf dem »Titelverzeichnis sämtlicher Veröffent-

ren in seinem Glückwunsch zum Erscheinen des 50. Bandes von Wiedemanns *Annalen der Physik und Chemie*, daß er Wiedemann im Magnusschen Labor traf, als er dort im Winter 1847 arbeitet, um seine Versuche über die Rolle der Weinhefe in der weinigen Gährung zu wiederholen.[25] – Aus Koenigsbergers Helmholtz-Biographie sowie aus dem inzwischen veröffentlichten Briefwechsel mit den Eltern wissen wir aber, daß Helmholtz diese Untersuchungen u. a. auf Anregung Johannes Müllers kurz nach seiner Dissertation in den ersten Monaten des Jahres 1843 neben seiner Arbeit in der Kinderklinik der Charité durchführte.[26] Aus dem angeführten Briefwechsel wissen wir desweiteren, daß Helmholtz erstmals – und wahrscheinlich zum einzigen Mal – um die Jahreswende 1845/46 (als er zur Vorbereitung seines medizinischen Staatsexamens wieder in Berlin war) drei Monate im Magnusschen Labor arbeitete (Magnus hatte ihn wahrscheinlich auf Anregung Müllers aufgenommen und ihm damit die Möglichkeit gegeben, bessere Instrumentarien, als ihm bisher zur Verfügung standen, zu verwenden); Physikvorlesungen hatte Helmholtz dagegen während des Medizinstudiums bei Karl Daniel Tourte (1776-1847) und Dove gehört. Helmholtz bestätigte zwar im Winter 1845/46 seine früheren Ergebnisse, hat darüber aber nichts weiter veröffentlicht.[27] – Wiedemann wiederum dürfte kaum vor 1846 im Magnusschen Labor gearbeitet haben[28], sodaß Helmholtz ihn also vermutlich nicht dort, sondern eher im Magnusschen Kolloquium oder – wahrscheinlicher – auf einer Sitzung der Physikalischen Gesellschaft kennengelernt haben dürfte.[29]

Diese üblichen Schwierigkeiten bei der Verifizierung historischer Daten und Hintergründe sind hier nur angeführt um zu verdeutlichen, daß bei der Darstellung der Magnusschen Schule noch eine ganze Reihe solcher Details offen sind, deren Klärung künftiger Arbeit vorbehalten bleiben muß.

Wiedemann selbst schrieb über seine Erfahrungen bei Magnus:

> »Entgegen dem gegenwärtigen Usus, wonach der Dirigent eines Laboratoriums den Studierenden gewöhnlich das Thema zu ihren Arbeiten zu geben pflegt, nahm Magnus im allgemeinen nur Schüler bei sich auf, die mit eigenen Ideen für wissenschaftliche Untersuchungen zu ihm kamen. Demgemäss liess er seine Schüler möglichst selb-

---

lichungen von Hermann von Helmholtz« in den Wissenschaftlichen Abhandlungen Bd. III).

25 Helmholtz, H. v.: Gustav Wiedemann beim Beginn des 50. Bandes seiner Annalen der Physik und Chemie gewidmet. Annalen der Physik und Chemie 50 (1893) S. V.

26 Koenigsberger, L.: Hermann von Helmholtz. Bd. I, Braunschweig 1902, S. 50 ff.

27 Letters of Hermann von Helmholtz to his parents (1837-1846); ed. by David Cahan. Stuttgart 1993, S. 26 f. sowie S. 110 f. - vgl. auch Koenigsberger, a. a. O., S. 54. - Allerdings gibt es ein dreiseiges Manuskript »Versuche über Gährung bei Magnus« im Helmholtz-Nachlaß der Berlin-Brandenburgischen Akademie der Wissenschaften.

28 Wiedemanns Dissertation über Harnstoff, die er im November 1847 der Berliner Fakultät vorlegte, war im Magnusschen Laboratorium entstanden und erschien in Poggendorffs Annalen 74 (1848). Wiedemann studierte von 1844 bis 1847 an der Berliner Universität, zuerst Chemie bei H. Rose, bevor er bei Magnus, Dove und Mitscherlich hörte, und anfangs durfte er im Privatlaboratorium von Franz Leopold Sonnenschein (1817-1879) arbeiten, der ihn - vermutlich neben anderen - auch an Magnus weiterempfahl. Ein genaueres Datum seines Eintritts in das Magnussche Labor ließ sich bisher nicht feststellen. [vgl. H. Kant: Er schrieb das erste Handbuch der Elektrizitätslehre. Physik in der Schule 14 (1976) 11, S. 456-460].

29 Dafür spricht auch, daß Helmholtz und Wiedemann einige Werke von Poisson, insbesondere zur Theorie der Elektrizität, gemeinsam durcharbeiteten. - [H. v. Helmholtz: Gustav Wiedemann beim Beginn des 50. Bandes ... a. a. O., S. V].

Tafel 3: Magnusschüler als Ordinarien

Die Angabe "ca. ..." bedeutet, daß der Betreffende etwa in dieser Zeit im Magnusschen Labor gearbeitet hat (genauere Angaben ließen sich bisher nicht ermitteln). Eine Angabe in eckigen Klammern bedeutet, daß der Betreffende an der entsprechenden Lehranstalt Lehrkraft oder Privatdozent, aber kein o. Prof. oder Ordinarius war. Abkürzungen: Ph - Physik; Ch - Chemie; Ma - Mathematik; Physiol - Physiologie; Kr - Kristallographie (als hauptsächlich vertretenes Fachgebiet).

Avenarius, Michail P.	(1835-1895) ca. 1862/64; Uni Kiev 1865-90 {Ph}
Baeyer, Adolf von	(1835-1917); [1860 Berlin Gewerbeinst.] Uni Straßburg 1872, Uni München 1873 {Ch}
Beetz, Wilhelm	(1822-1886) ca. 1842/44 [1850 Berlin Kadettenanstalt]; 1856 Uni Bern, 1858 Uni Erlangen, 1868 TH München {Ph}
Brücke, Ernst	(1819-1892); 1848 Uni Königsberg, 1849 Uni Wien {Physiol}
Brunner, Carl	(1823-?) ca. 1844/47; 1850(?) Uni Bern, 1856 Telegrafen-Direktor Wien {Ph}
Clausius, Rudolph	(1822-1888); [1850 Berlin Artillerie- u.Ing.-schule]; 1855 Polytechn.(ETH) Zürich, 1867 Uni Würzburg, 1869 Uni Bonn {Ph}
Clebsch, Alfred	(1833-1872); [1855 Berlin Realschulen], 1858 Polytechn. Karlsruhe, 1863 Uni Gießen, 1868 Uni Göttingen {Ma}
DuBois-Reymond, Emil	(1818-1896); [1848 Akademie der Künste Berlin], (1855)/58 Uni Berlin {Physiol}
Eichhorn, C. Herrmann	(1816-?); ca. 1851/52 [1862 Landwirtschaftl.Inst. Berlin] {Ch}
Feilitzsch, Fabian C.O.v.	(1817-1885); (1848)/54 Uni Greifswald {Ph}
Feussner, Wilhelm	(1848-?) ca. 1864/65; 1880 Uni Marburg {Ph}
Gibbs, Josiah W.	(1839-1903); 1871 Yale-Uni New Haven {Ph}
Glan, Paul	(1846-1898) ca. 1869/70; [1875 Uni Berlin] {Ph}
Groth, Paul	(1843-1927) ca. 1868/70; 1872 Uni Straßburg, 1882 Uni München {Kr}
Heintz, Wilhelm Heinrich	(1817-1880); (1851)/55 Uni Halle {Ch}
Helmholtz, Hermann v.	(1821-1894) ca. 1845/46; [1848 Berlin Kunstakad.]; 1849 Uni Königsberg; 1855 Uni Bonn; 1858 Uni Heidelberg {Physiol}; 1871 Uni Berlin {Ph}
Karsten, Gustav	(1820-1900); 1848 Uni Kiel {Ph}
Kiessling, Karl Johann	(1839-1905) ca. 1866/67 [1864 Berlin Joachimsthalsches Gymn.]; (1870)/76 Johanneum Hamburg {Ph}
Kirchhoff, Gustav Robert	(1824-1887); 1850 Uni Breslau; 1854 Uni Heidelberg; 1874 Uni Berlin {Ph}
Knoblauch, Karl Hermann	(1820-1895); 1849 Uni Marburg; 1853 Uni Halle {Ph}

Krönig, August Karl	(1822-1879); [1852 Berlin Realsch.] {Ph}
Kundt, August	(1839-1894) ca. 1863-68; 1868 Polytechn. (ETH) Zürich, 1870 Uni Würzburg, 1873 Uni Straßburg, 1888 Uni Berlin {Ph}
Langberg, Lorenz Christian	(1810-1857) ca. 1844; 1847 Uni Christiana/Oslo {Ph}
Oberbeck, Anton	(1846-1900); [1871 Sophienrealgymnasium Berlin] 1879 Uni Halle; 1885 Uni Greifswald; 1895 Uni Tübingen {Ph}
Paalzow, Carl	(1823-1904); [Artillerieschule Berlin]; 1868 Uni Bern; 1872 Gewerbeakad. Berlin; 1881 TH (Berlin-) Charlottenburg {Ph}
Quincke, Georg H.	(1834-1924); [1858 Berlin Gewerbeakad.]; 1872 Uni Würzburg, 1875 Uni Heidelberg {Ph}
Rath, Gerhard vom	(1830-1888); (1856)/68 Uni Bonn {Kr}
Rüdorff, Theodor Friedrich	(1832-1902) ca. 1860/62; [1862 Berlin Friedrichwerdersche Gewerbeschule]; 1882 TH (Berlin-)Charlottenburg {Ch}
Schneider, Ernst Robert	(1825-1900) ca. 1850/53; [1853 Berlin Artillerie- u. Ing.-schule]; 1860 Uni Berlin {Ch}
Schultz-Sellack, Carl	(1844-1879) ca. 1867/70; 1871 Uni Cordoba/Argentinien; 1874 Uni Berlin {Ph}
Stoletov, Aleksandr G.	(1839-1896); 1873 Uni Moskau {Ph}
Tyndall, John	(1820-1893); ca. 1850/51; 1853 Royal Institution London {Ph}
Villari, Emilio	(1836-1904) ca. 1864; 1867 techn. Inst. Florenz; 1871 Uni Bologna {Ph}
Warburg, Emil	(1846-1931) ca. 1867/70; 1872 Uni Straßburg; 1876 Uni Freiburg; 1895 Uni Berlin {Ph}
Weber, Rudolph	(1829-1894) ca. 1856/57; [1859 Berlin Gewerbe- akademie], 1880 TH (Berlin-)Cahrlottenburg {Ch}
Wiedemann, Gustav	(1826-1899) ca. 1848/49; [1851 Uni Berlin]; 1854 Uni Basel; 1863 Polytechn. Braunschweig; 1866 TH Karlsruhe; 1871 Uni Leipzig {Ph}
Wüllner, Adolph	(1835-1908) ca. 1857/58; [1859 Univ.Marburg; 1865 landwirt. Akademie Poppelsdorf]; 1867 Uni Bonn; 1870 TH Aachen {Ph}

ständig arbeiten, ermunterte sie nur zur Ausdauer und nur in entscheidenden Fällen griff er ein; eine Methode, die dem Schüler manchmal recht unbequem war, ihn aber doch zur selbständigen, wissenschaftlichen Forschung erzog. ...«[30]

Er hob also das Magnussche Vorgehen, die Kandidaten an eigenen Themen selbständig arbeiten zu lassen, als für kreative Wissenschafter durchaus förderlich hervor. Ausdrücklich vermerkt wird außerdem, daß den im Magnusschen Labor Tätigen auch die Bibliothek des Hauses zur Verfügung stand.

Desweiteren haben wir eine Reihe von Magnus-Schülern, die sich z. T. selbst als solche bezeichneten, aber wahrscheinlich nicht im Magnusschen Laboratorium

---

30 Gustav Heinrich Wiedemann - Ein Erinnerungsblatt (Selbstbiographie). Leipzig 1899, S. 6.

gearbeitet haben, jedoch seine Vorlesungen und insbesondere das Physikalische Kolloquium besucht haben. Nun ist zwar ein Student, der eine Vorlesung besucht, noch nicht gleich als Schüler des Betreffenden im engeren Sinne zu betrachten[31], aber bei älteren Studiensemestern und jüngeren Wissenschaftlern kann auch dieser Kontakt sehr prägend sein. Zu Recht müssen also eine Reihe solcher Namen in die Schüler-Liste von Magnus einbezogen werden; allerdings ist die Unsicherheit hier wesentlich größer.

Eine unter Berücksichtigung des Vorgenannten vervollständigte – wenngleich weiterhin unvollständige – Liste zeigt Tafel 3, in der diejenigen Magnus-Schüler zusammengestellt wurden, die später Ordinarien oder Lehrämter bekleidet haben. Aus Angaben in verschiedenen Quellen wurde zunächst eine Liste von 53 Magnus-Schülern zusammengestellt, von denen in dieser Liste 37 als Wissenschaftler identifiziert und erfaßt wurden[32]. Wir sehen auf Tafel 4, daß von diesen später 27 als Physiker[33] und 6 als Chemiker wirkten; 21 (=57%) davon haben mit Sicherheit auch im Magnusschen Laboratorium gearbeitet. Ein Blick auf die Liste der späteren Ordinarienorte zeigt die Wirksamkeit in Deutschland wie im Ausland; nimmt Berlin mit 10 Positionen die absolute Spitze ein (davon 6 Physik, 3 Chemie), folgt München mit immerhin 3 (je einer in Physik, Chemie und Kristallographie). Auch eine Liste der »Zwischenstationen« ist interessant – hier führen Straßburg mit 4 und Würzburg mit 3 Berufungen die Reihe an.[34]

Eine weitere interessante Kategorie von Schülern ist auf Tafel 5 angegeben; es sind Personen, deren Hauptwirkungsfeld später auf dem Gebiet der Industrie lag, auch wenn sie, wie Werner Siemens (1816-1892), der 1873 Mitglied der Berliner Akademie der Wissenschaften wurde, später weiter wissenschaftlich aktiv blieben. Siemens hatte auf der Artillerie- und Ingenieurschule Vorlesungen bei Magnus gehört, und als er 1844 nach Berlin zurückkehrte, kam er insbesondere in den Kolloquienkreis um Magnus (und 1845 auch in die Physikalische Gesellschaft)[35]; Magnus präsentierte später Schriften von Siemens in der Akademie der Wissenschaften, darunter die über die dynamoelektrische Maschine[36], nachdem

---

31 Als prominentes Beispiel für einen Fall, bei dem in manchen Publikationen eine Schülerbeziehung zu Magnus angedeutet wird [z. B. Wissenschaft in Berlin (Hg. H. Laitko), Berlin 1987, S. 218], jedoch letztlich zweifelhaft ist, sei der Weierstraß-Schüler Georg Cantor (1845-1918) genannt, der auch Vorlesungen bei Magnus und Dove besuchte (und später Mathematik-Ordinarius in Halle war). [Vgl. W. Purkert, H. J. Ilgauds: Georg Cantor. Leipzig 1985, S. 15].

32 Rechnet man den Mathematiker Georg Cantor dazu, wären es 54 Schüler.

33 Genaugenommen müßte man insbesondere Helmholtz etwa zur Hälfte als Physiologen und zur Hälfte als Physiker zählen, wie in der Tafel mit »½« angedeutet wurde. - Vgl. u. a. H. Kant: Hermann von Helmholtz als Physiker. Physik in unserer Zeit 25 (1994) 6, S. 284-289.

34 Außerdem haben je zwei Berufungen das Polytechnikum Karlsruhe, die Universitäten Bonn, Heidelberg und Marburg sowie die ETH Zürich zu verzeichnen.

35 Jedoch hat Siemens wahrscheinlich nicht im Magnusschen Laboratorium gearbeitet.

36 Siemens, W.: Über die Umwandlung von Arbeitskraft in elektrischen Strom ohne permanente Magnete. Monatsberichte der Berliner Akademie der Wissenschaften vom 17. Januar 1867, S. 55-58 (vorgelegt von G. Magnus) - auch in W. Siemens: Wissenschaftliche und Technische Arbeiten Bd. 1, Berlin 1889, S. 208-210.

Tafel 4: Zur Magnusschen Schule

Aus Angaben bei Hofmann u.a. ergeben sich insges. 53 Schüler; davon konnten bisher 37 als spätere Ordinarien und Lehrer erfaßt werden (und 7 als Industrielle).

Von diesen 37 Wissenschaftlern sind gemäß ihrer Hauptarbeitsgebiete:

Physiker	26½	(Helmholtz)
Chemiker	6	
Mathematiker	1	
Physiologen	2½	(Helmholtz)
Kristallogr.	1	

Von diesen 37 Wissenschaftlern haben mit Sicherheit im Magnusschen Labor gearbeitet: 15 Physiker, 5 Chemiker, 1 Kristallograph

Orte, an denen Schüler von Magnus Lehrstühle bekleideten (jeweils nur Angabe der letzten "Dauer"-Orte):

deutschsprachige Länder:

Aachen	1	
Berlin	10	(dazu 3 in Lehrerpositionen)
Bonn	2	
Göttingen	1	
Greifswald	1	
Halle	2	
Heidelberg	1	
Kiel	1	
Leipzig	1	
Marburg	1	
München	3	
Tübingen	1	
Wien	1	

nicht-deutschsprachige Länder:

Bologna	1
Christiana (Oslo)	1
Kiev	1
London	1
Moskau	1
New Haven (Yale)	1

Magnus zu den Wissenschaftlern gehört hatte, denen Siemens die neue Maschine in seinen Fabrikräumen in der Marggrafenstraße vorgeführt hatte[37].

Betrachten wir schließlich noch kurz die Wirksamkeit der Magnusschen Schule in Berlin, wo, wie gesagt, in der Folgezeit die meisten Ordinariate von seinen Schülern besetzt wurden und beschränken wir uns auf die Physik (Tafel 6). Die Wirksamkeit läßt sich u. a. daran ablesen, ob Schüler selbst wieder bedeutende

---

[37] Zu den Besuchern gehörten neben Magnus auch Dove, Peter Riess (1804-1883) und Du Bois-Reymond [vgl. W. v. Siemens: Lebenserinnerungen. München 1966 (17. Aufl.), S. 269].

Tafel 5: Magnusschüler, die in der Industrie wirksam waren		
Deite	?	Fabrikbesitzer in Berlin
Jaffé, Benno	1840-1923	1867 in Charlottenburg Glycerinfabrik
Lüdtge, Robert	1845-1880	ca. 1868-70; Telegraphenbau
Schering, Ernst	1824-1889	1851 Kauf der "Grünen Apotheke" in Berlin; 1871 Chemische Fabrik im Wedding
Siemens, Werner v.	1816-1892	1847 Firma Siemens & Halske in Berlin
Unger, Julius Bodo	1819-?	ca. 1844; Theilhaber an einer Seifenfabrik in Hannover
Vögeli, Franz Anton	1825-?	ca. 1847/48; Fabrikbesitzer in Hard bei Winterthur
Insgesamt 7, davon 4 in der Chemieindustrie.		
Desweiteren sind zu nennen:		
Heusser, Jacob Christian	1826-?	ca. 1852/54; 1860 Grundbesitzer in Argentinien {Kr, Geo}
Varrentrapp, Franz	1815-1877	Gewerbeverein (1841) sowie Medizinalschule (1844) Braunschweig; 1868 Teilhaber der Viewegschen Buchhandlung Braunschweig
Vettin, Ulrich F.	1820-1905	prakt. Arzt in Berlin; meteorologischer Berichterstatter

Schüler hervorgebracht haben, und zumindest für Helmholtz, August Kundt (1839-1894) und Emil Warburg (1846-1931) trifft dies zu, wobei wir hier nicht diskutieren wollen, ob es sich bei ihnen wiederum um Wissenschaftliche Schulen im engeren Sinne handelte.[38] Der Kundt-Schüler Heinrich Rubens (1865-1922) – ein kreativer Experimentalphysiker – wurde ebenfalls selbst wieder zum Schulenbildner, und man kann mit gewissem Recht sagen, daß er damit die Magnussche Experimentiertradition bis weit in die erste Hälfte des 20. Jahrhunderts in Berlin ausstrahlen ließ. Zwei Magnus-Schüler – Helmholtz und Warburg – und dann der Beetz-Schüler Friedrich Kohlrausch (1840-1910) und der Kundt-Schüler Friedrich Paschen (1865-1947) bekleideten über lange Jahre den Posten des Präsidenten der Physikalisch-Technischen Reichsanstalt[39], damals eine der angesehensten physikalischen Forschungsinstitutionen des Landes. Beispielsweise zu der Linie Magnus-Beetz-Kohlrausch stellt David Cohen fest:

> »Like his own mentor, Gustav Magnus, Beetz stressed the importance of measurement in science and of building and using instruments, and he nourished Kohlrauschs

---

38 Nach der Einteilung von Chramov bildeten Kundt und Warburg Schulen (wobei Warburg mit gewisser Berechtigung auch noch als Schüler Kundts angesehen werden kann; die Hauptwirksamkeit der Kundtschen Schule lag dabei bereits in Straßburg), während Helmholtz trotz einiger bedeutender Schüler nicht als Schulenbildner anzusehen ist (während man bei Magnus m. E. mit einer gewissen Berechtigung eben darüber streiten kann, dürfte für Helmholtz diese Aussage eindeutig sein).

39 Das sind vier von fünf Präsidenten zwischen der PTR-Gründung 1887 und dem Jahr 1933 (der fünfte war Walther Nernst (1864-1941), der 1887 bei Kohlrausch in Würzburg promoviert hatte).

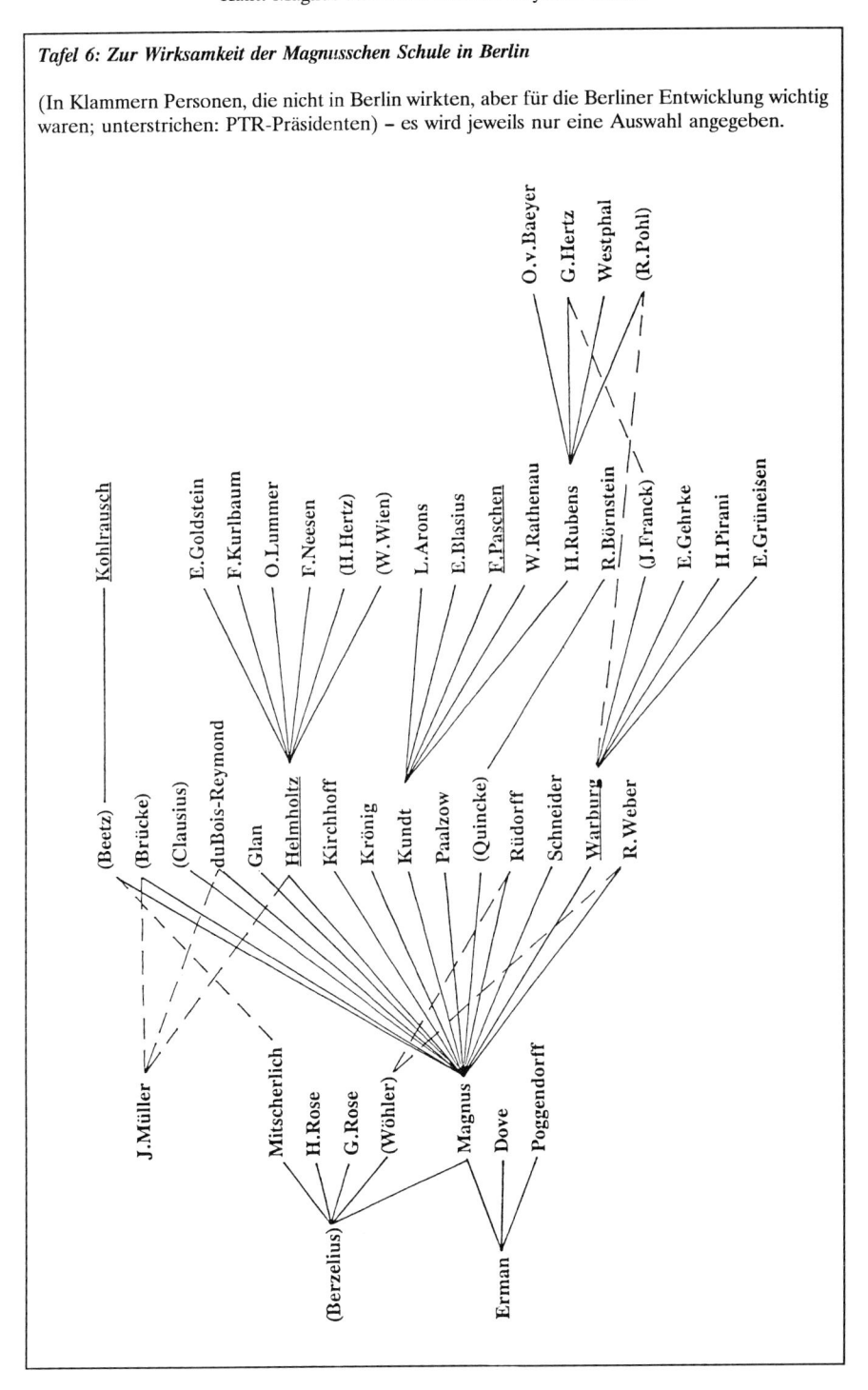

Tafel 6: Zur Wirksamkeit der Magnusschen Schule in Berlin

(In Klammern Personen, die nicht in Berlin wirkten, aber für die Berliner Entwicklung wichtig waren; unterstrichen: PTR-Präsidenten) – es wird jeweils nur eine Auswahl angegeben.

August Kundt (1839-1894), Magnus-Schüler und 1888 Nachfolger von Helmholtz auf dem Magnusschen Lehrstuhl

interest in the science of electricity ... In addition, Beetz was a born teacher, and his laboratory, like Magnus's, was extremely well organized; ...«[40]

In seinen wohlwollenden Nachrufworten betont Hofmann noch einmal die wichtigsten Aspekte in Magnus' Umgang mit seinen Schülern; müssen wir davon

---

40 Cahan, D.: Kohlrausch and Electrolytic Conductivity. Osiris N. S. Vol. 5 (1989), S. 167-185, hier S. 169.

Emil Warburg (1846-1931), Magnus-Schüler und 1895 Nachfolger von Kundt auf dem Magnusschen Lehrstuhl

sicher auch einige der Freundlichkeit geschuldete Abstriche machen, so dürften, wie nicht zuletzt die vorangegangenen Ausführungen belegten, die Kernpunkte zutreffen:

> »Für sie hat er immer Zeit, zumal wenn es sich darum handelt, dem guten Willen zu Hülfe zu kommen. Schon unmittelbar nach der Vorlesung steht er zu jedweder Erörterung seinen Zuhörern zur Verfügung und selbst auf dem Heimweg von der Universität nach dem Kupfergraben werden nicht selten einem jugendlichen Begleiter Missverständnisse erklärt, Zweifel beseitigt. In noch höherem Grade aber erfreuen sich diejenigen, die unter seinen Auspicien die Kunst des Forschens üben, seiner nie müde werdenden Theilnahme, seiner unerschöpflichen Rathschläge, seiner wirksamen Unterstützung; stundenlang bespricht er mit dem Einzelnen das Wesen der zu lösenden Aufgabe, erörtert er die zu Gebote stehende Literatur – zu welchem Ende seine prachtvolle Bibliothek dem jungen Forscher mit vollendeter Liberalität jeder Zeit offen steht –, erklärt er die Methode des Versuches, hilft er ihm bei der Zusammensetzung der Apparate; ... Wie vielen hat er auch nach Jahren noch eine hülfreiche Hand geliehen, wie Viele verdanken seinen ausgebreiteten Beziehungen die Grundlage oder die gedeihliche Entwicklung ihrer späteren Existenz!«[41]

Wir wissen, daß Magnus in erster Linie Experimentator war. Zur Theorie hatte er insbesondere wegen der Überwindung der naturphilosophischen Traditionen aus dem ersten Drittel des 19. Jahrhunderts, zu der er beigetragen hatte, ein etwas ambivalentes Verhältnis, was nicht zuletzt dazu führte, daß sich aus den Teilnehmern seines Kolloquiums heraus die Physikalische Gesellschaft als gesonderte Institution bildete, der er anfangs zumindest skeptisch gegenüberstand. So hat er seine Schüler in erster Linie unter jenen ausgewählt, die experimentelles Talent zeigten. Diese Erfahrung machte beispielsweise auch Adolf von Baeyer (1835-1917), Teilnehmer des Magnusschen Kolloquiums, als er 1858 seine bei August Kekulé (1829-1896) in Heidelberg angefertigte Dissertation der Berliner Fakultät einreichte:

> »Dort wurde ich von den Vertretern des Faches ziemlich kühl empfangen; und meine Dissertation ... als eine nur mittelmäßige Leistung hingestellt, so daß ich von Mitscherlich, Heinrich Rose und dem Physiker Gustav Magnus, der mir sonst immer ein fast väterliches Wohlwollen gezeigt, mehr Vorwürfe einerntete als Lob. Aus alle dem ging hervor, daß die Berliner Chemiker meine Arbeit nicht verstanden und nicht recht wußten, was sie aus mir machen sollten.«[42]

Dennoch wäre es verkehrt, Magnus Theoriefeindlichkeit zu unterstellen; schließlich hat er auch solche Schüler wie Rudolf Clausius (1822-1888) oder Gustav Kirchhoff (1824-1887) unterstützt, die später Wesentliches zur Herausbildung der theoretischen Physik beitrugen. Und wenn er 1847 die Bedeutung von Helmholtz' Abhandlung »Über die Erhaltung der Kraft« auch nicht voll erfaßte, so übernahm er doch, wenn auch vergeblich, den Versuch einer Vermittlung zu Poggendorffs *Annalen* zwecks Veröffentlichung dieser Arbeit.[43]

---

41 Hofmann, A. W.: Zur Erinnerung an Gustav Magnus. a. a. O., S. 1007.
42 Baeyer, A.: Aus meinem Leben 1835-1905. In ders.: Gesammelte Werke. Braunschweig 1905, S. XIII.
43 Poggendorff, der Herausgeber der Annalen, hatte bekanntlich zuvor auch J. R. Mayers Arbeit abgelehnt; Helmholtz' Arbeit mußte ebenfalls separat erscheinen. Magnus schlägt aber Du Bois-Reymond gegenüber immerhin einige weitere mögliche Zeitschriften für eine Veröffentlichung vor [vgl. Dokumente einer Freundschaft - Briefwechsel zwischen Hermann von Helmholtz und Emil Du Bois-Reymond; hg. von Ch. Kirsten, H. Hörz u. S. Wollgast, Berlin 1986, S. 82]. - 1870 räumte Helmholtz

Offenbar war die Magnussche Persönlichkeit in der Berliner Physik der 40er bis 60er Jahre des vorigen Jahrhunderts ziemlich beherrschend, und wer sich von den Jüngeren unter dem Einfluß dieses Berliner Umfeldes fühlte, fühlte sich häufig auch unter dem Einfluß von Magnus. Damit hängt sicher zusammen, daß sich so mancher als Magnus-Schüler betrachtete – oder als solcher betrachtet wird –, der es im strengen Sinne gar nicht wäre.[44] Das macht nicht zuletzt die Tatsache deutlich, daß viele in ihren Erinnerungen beispielsweise gar nicht unterscheiden, ob sie das Magnussche Kolloquium meinen oder die Sitzungen der Physikalischen Gesellschaft, obwohl hier in Bezug auf die Person Magnus ja gerade eine Unterscheidung angebracht wäre.[45] – Diese »Tradition« setzte sich bis in die zwanziger Jahre unseres Jahrhunderts fort, wo sowohl auf Grund des nun gleichen Tagungsortes im Institut am Reichstagsufer wie auch des fast identischen Teilnehmerkreises von den Teilnehmern kaum zwischen dem von Heinrich Rubens und später Max von Laue weitergeführten Universitätskolloquium in der Magnusschen Tradition und den Veranstaltungen der Physikalischen Gesellschaft unterschieden wurde.

Aus Vorstehendem dürfte deutlich geworden sein, was die Berliner Physikerschule von Gustav Magnus ausmachte, auch wenn zahlreiche Details noch nicht näher untersucht sind. Mag sie auch im strengen Kontext wissenschaftstheoretischer und -soziologischer Bestimmungen nicht zu den Wissenschaftlichen Schulen gezählt werden, so scheint mir hier doch die verbreitete umgangssprachliche Verwendung dieses Begriffes im eingangs erläuterten Sinne durchaus angebracht. Für die Physikentwicklung in Deutschland (und speziell in Berlin) hat Magnus mit seinem Kreis Erhebliches geleistet, und unter diesem Gesichtspunkt ist es auch verständlich, wenn Magnus hauptsächlich für die Physik vereinnahmt wird. Möglicherweise war die chemische Analysenmethodik, die seine Arbeit und sein Laboratoium wesentlich mitprägten, auch gerade ein wichtiges Faktum für die Physikausbildung der damaligen Zeit. Und in diesem Sinne stellte der Chemiker Hofmann fest:

> »Die Physiker sind gewohnt, Magnus als einen der Ihrigen zu betrachten ... weil in der That der Schwerpunkt seiner Leistungen auf dem Gebiet dieser Wissenschaft liegt.«[46]

---

    in einem Brief an Du Bois-Reymond ein, daß er Magnus in dieser Hinsicht wohl bisher etwas verkannt habe: ich »... hatte ihn, wie ich nun sehe, mit Unrecht in Verdacht gehabt, daß er gegen meine mathematische Richtung eine gewisse Opposition fühle.« [Ebd., S. 239].

44 So berichtete Helmholtz beispielsweise in seiner Gedächtnisrede auf Magnus: »Ich weiß mich aber auch sehr wohl noch des Erstaunens und der Bewunderung zu erinnern, mit der wir, als Studenten, ihn experimentieren sahen. ...« [Physiker über Physiker II, a. a. O., S. 59] - Wie weiter oben ausgeführt wurde, hat er aber gar keine Vorlesungen bei Magnus gehört.

45 Hatte sich Magnus von der Gründung der Physikalischen Gesellschaft bekannterweise ferngehalten und stand ihr zumindest anfangs etwas distanziert gegenüber, so hat er andererseits 1868 bei der Gründung der Chemischen Gesellschaft aktiv mitgewirkt.

46 Hofmann, A. W.: Zur Erinnerung an Gustav Magnus. A. a. O., S. 1012.

Gustav Magnus

Gustav Magnus und die Physikalische Gesellschaft zu Berlin – ein ambivalentes Verhältnis?

Wolfgang Schreier

Zunächst soll ganz unvoreingenommen eine möglicherweise wenig bekannte Episode geschildert werden, die sich auf dem 50. Stiftungsfest, d. h. dem Fest zum 50. Jahrestag der Physikalischen Gesellschaft, am 4. Januar 1896, während des Festmahls im »Hotel Reichshof« ereignete. Sie wirft vielleicht schon etwas Licht auf das etwas zwiespältig formulierte Thema. Nach einem Glückwunsch eines Regierungsvertreters nahm der damalige Vorsitzende »Geheimer Regierungsrath Prof. Dr. von Bezold«, Physiker und Meteorologe, das Wort, dem anläßlich des Jubiläums der Kronenorden zweiter Klasse verliehen worden war. In seiner Rede bedauerte er, daß der noch lebende erste Vorsitzende und jetzige Ehrenpräsident Gustav Karsten aus Altersgründen nicht teilnehmen und das älteste anwesende Mitglied Gustav Wiedemann aus Leipzig wegen »Unwohlsein« nicht sprechen könne. Dennoch ergriff Wiedemann trotz seines »elektrischen Ozonkatarrhs« (was immer das auch gewesen sein mag) im Verlaufe des Festmahls spontan das Wort. Er erinnerte u. a. an das »unvergeßliche Colloquium von Magnus mit seinen wissenschaftlichen Vorträgen und seinem anfänglichen gemüthlichen Kalbsbraten«. Er wies darauf hin, daß es der »Wunsch nach größerer Selbständigkeit« gewesen war, der einige jüngere Teilnehmer des seit 1843 existierenden Magnus-Kolloquiums dazu brachte, 1845 die Physikalische Gesellschaft zu Berlin zu gründen. Ein Vorzug von Magnus sei es gewesen, daß er bekannterweise sein »Privat-Laboratorium« (Kupfergraben 7) nur denen zur Verfügung stellte, »welche Themata zu eigenen Arbeiten mitbrachten«. So kommt Wiedemann bezüglich Magnus Verhalten zu folgender interessanter Aussage:

> »Eine Schule in dem Sinne, dass er seine eigenen Ideen als geistige Basis der Forschungen seinen Schülern übermittelte, hat er hiernach nicht gegründet. Vielleicht war diese Eigenart von Magnus ein grosses Glück für die begabteren Jünger der Wissenschaft; sie mussten sich zu durchaus selbständigen Forschern heranbilden.«[1]

Das sieht er im Gegensatz zu den »Schulen der neueren Zeit, wie von Helmholtz und Kundt, die wesentlich ihre eigenen Gedanken in ihren Laboratorien verarbeiten ließen«. Gewiß ist das eine individuelle, eigenwillige Interpretation Wiedemanns über das, was eine wissenschaftliche Schule ist. Aber es hat doch den Anschein, daß Magnus seinen Schülern den Wunsch zur Selbständigkeit eingepflanzt hat, der eben mit zur Gründung der Physikalischen Gesellschaft beitrug.

Jedoch die Episode geht weiter: Im unmittelbaren Anschluß an Wiedemann brachte der Physiker der TH (Berlin) Charlottenburg Adolph Paalzow einen Trinkspruch auf »die jungen Physiker, ihre Frauen und Bräute« aus. Vehement widersprach er Wiedemann, daß Magnus mit seinem Laboratorium und seinem

---

1 Feier..., S. 33.

Kolloquium *keine* Schule gegründet habe. Gerade dadurch, daß Magnus nur »wissensdurstige Jünglinge« mit eigenen Themata im Labor zugelassen habe und in seinem Kolloquium mit Ungezwungenheit und Offenheit die Referate »grausam zerlegt und zerpflückt« (bis der Kern gefunden war) werden konnten, habe er eine Schule begründet, in der jeder neue Probleme finden, ihre bisherige Bearbeitung abschätzen und selbst weiterarbeiten könnte. Er wandte sich dabei gegen die neuen »Staatslaboratorien«, wo jeder »behaglich das Thema bearbeiten kann, welches ihm der gütige Professor anweist«. Wie man sieht, die Auseinandersetzung entsteht daraus, daß jeder unter einer wissenschaftlichen Schule etwas anderes versteht. Letztlich wird das zeitlose immer aktuelle Problem angesprochen, wie man Kreativität bei Jüngeren hervorrufen oder unterdrücken kann.

Obwohl also viele Autoren dem Magnusschen Kolloquium als Vorläufer oder gar Ursprung der Physikalischen Gesellschaft ihre Reverenz erweisen, bleibt die Frage, warum »Jünger« von Magnus überhaupt die Gesellschaft gründeten, wenn das Kolloquium doch bereits ihre Vorstellungen befriedigte. Hierüber kann man Mußmaßungen anstellen, aber auch eine Reihe von Gründen vorbringen, die letztlich dem Geist der Zeit entspringen. Zuerst ist festzuhalten, daß jüngere Gelehrte nach dem »Magnus-Colloquium« Nachsitzungen in ihren Wohnungen als »Theeabend« abhielten. Die eigentlichen Gründer der Physikalischen Gesellschaft waren der damals 25jährige Physiker Gustav Karsten, der 23jährige Physiker Wilhelm Beetz, der 25jährige Physiker Karl Hermann Knoblauch, der 27jährige Physiologe Emil Du Bois-Reymond, der 28jährige Chemiker Wilhelm Heinrich Heintz und der 26jährige Physiologe Ernst Wilhelm Brücke.

Magnus war im Gründungsjahr 43 Jahre und sein Physikerkollege an der Universität Berlin Heinrich Wilhelm Dove 42 Jahre alt. Die Gründer waren also ca. eine Generation jünger, und diese »Heißsporne« hatten offensichtlich in manchem andere Ansichten im Sturm und Drang ihrer Jahre, ein Problem, das wir heute ebenso kennen. Dazu sagte Wilhelm von Bezold 1896:

> »Nur die älteren Vertreter der Berliner Wissenschaft, die Herren in Amt und Würden, hielten sich vornehm bei Seite (d. h. kamen nicht zur physikalischen Gesellschaft), vollkommen verkennend, dass es zur Erhaltung der eigenen Frische keinen wirksameren Jungbrunnen giebt, als den steten Verkehr mit jungen aufstrebenden Geistern«.[2]

Offensichtlich ist das eine für alle Zeiten sehr zutreffende Meinung. Da wir jedoch die wissenschaftliche Offenheit von Magnus kennenlernten, muß man fragen, war es nur das Generationsproblem, das zur Gründung der physikalischen Gesellschaft veranlaßte?

Ein Blick in die Zeit und in die Mitglieds- und Vortragslisten der ersten Jahre gibt wahrscheinlich weiteren Aufschluß: Die erste Hälfte des 19. Jh. wird, ausgehend von der Französischen Revolution, vornehmlich in Europa, von Freiheits- und Demokratiebestrebungen des Bürgertums mit Fortschritten und Rückschlägen bestimmt. In Deutschland kam das Ringen um die Einheit hinzu. Die Revolutionen von 1830/31 und 1848 stehen dafür. Dazu kam die in England am Ende des 18. Jahrhunderts beginnende Industrielle Revolution, die sich

---

2 Ebd., S. 21.

Die sechs Gründer der Physikalischen Gesellschaft zu Berlin, ein Bild, das zu jedem Jubiläum gezeigt wurde. Oberer Reihe (v. l. n. r.): G. Karsten, W. Heintz, H. Knoblauch; unten: E. Brücke, E. Du Bois-Reymond, W. Beetz. Aufgenommen am 14. Juni 1845; Karsten überwacht mit der Uhr die Belichtungszeit.

schließlich über viele Länder Europas und die USA ausbreitete. Zur selben Zeit prägten sich die klassischen Naturwissenschaften aus.

Diese historischen Veränderungen drückten sich auch darin aus, daß das lokale Vereinswesen, voran das medizinische und naturwissenschaftliche, in der 1. Hälfte des 19. Jahrhunderts einen großen Aufschwung nahm. Diese Privatvereine trugen meist demokratische Züge: Fast jeder konnte ohne Beschränkung auf Bildungsgrad und Berufsgruppe Mitglied werden. Die Vorstände und weitere Gremien wurden streng demokratisch gewählt. Ein solcher für jeden offen Verein war auch die Physikalische Gesellschaft, die keineswegs auf Akademiker beschränkt war. Dazu muß man nur einen Blick auf die Liste der 53 Mitglieder des Gründungsjahres 1845 werfen, in der neben Wissenschaftlern verschiedener Provenienz allein 12 »Mechanici« und »Lieutnants« verzeichnet sind. Demgegenüber hat Magnus für sein Kolloquium und auch für Aspiranten seines Labors doch wohl auf akademischer Vorbildung bestanden; das waren aber m. E. keine ideologischen, sondern bildungsmäßige Vorbehalte, die wir auch heute noch kennen, nicht immer zum Vorteil. Der demokratische Charakter der Physikalischen Gesellschaft wird an einem Dokument aus dem Revolutionsjahr 1848 deutlich: Darin fordert die Physikalische Gesellschaft als Initiator, und viele schlossen sich an, daß »sämmtliche Sitzungen der Akademie fortan öffentlich« sein sollen. In der Einleitung heißt es prophetisch:

> »Ueberallhin dringt in diesem Augenblick neubefruchtend das Prinzip der Oeffentlichkeit. Ihm huldigt, was frische Lebenskraft in sich fühlt und der Macht der öffentlichen Meinung will es eine eigene Macht verdanken ...«[3]

Das ist ganz deutlich eine freiheitliche demokratische Stimme der jungen Generation. Allerdings: Nur 21 der 48 Mitglieder der Physikalischen Gesellschaft haben diese Adresse unterschrieben, aus welchen Gründen auch immer. Außerdem haben Nicht- bzw. Nochnichtmitglieder wie etwa Kirchhoff, Clausius, Tischlermeister Reinhard und viele Studenten unterzeichnet. Ältere Gelehrte sind jedoch kaum dabei. Wie hätte sich Magnus dazu gestellt?

Es gibt schließlich noch einen weiteren Grund, warum Magnus' Kolloquien und die Sitzungen der Physikalischen Gesellschaft ab 1845 parallel liefen, obwohl manche an beiden Veranstaltungen teilnahmen. Das war auch für die damalige Zeit, ohne die heutigen Ablenkungen, eine ziemliche Belastung, denn Magnus' Sitzungen fanden wöchentlich und die der physikalischen Gesellschaft vierzehntägig statt. Dazu muß man die Vortragsthemen der Anfangsjahre der physikalischen Gesellschaft in Augenschein nehmen, deren Sitzungen nicht im jetzigen Magnus-Haus Am Kupfergraben 7, sondern anfangs im Hause Französische Str. 28 und dann in verschiedenen Schulen stattfanden. Da gibt es natürlich Vorträge zur Optik, Akustik, Wärmelehre, Elektrophysik, wenige zur Mechanik, aber daneben sehr viele Vorträge zur Technik, vorzugsweise zur entstehenden Elektrotechnik (viele von Siemens) und zur »medizinischen Physik« bzw. zur »physikalischen Physiologie« (das ist ein Terminus der damaligen Zeit). Die Gruppe der technischen Vorträge war für die Genesis der Elektrotechnik in Deutschland von existentieller Bedeutung, weil auf diese Weise die Grundlage für eine wissen-

---

3 Archiv der Berlin-Brandenburgischen Akademie der Wissenschaften, II-V, 186/1.

schaftliche Industrie geschaffen wurde. Von dieser Einstellung in der Physikalischen Gesellschaft zehren wir heute noch. Aber zur gleichen Zeit, etwa belegbar an Reden zur Aufnahme von anwendungsorientierten Wissenschaftlern in die Preußische Akademie, wurde von älteren Naturwissenschaftlern an der »reinen Wissenschaft« des frühen 19. Jahrhunderts festgehalten. Wir wissen, daß Magnus der technischen Anwendung der Physik nicht ablehnend gegenüberstand, aber hätte er auch eine solche Ausdehnung der angewandten Wissenschaft in seinem Kolloquium gutgeheißen?

Die Gruppe der Vorträge zur medizinischen Physik hat wesentlich zur naturwissenschaftlichen Fundierung der Medizin und zur Herausbildung der naturwissenschaftlichen Physiologie beigetragen. Wir erinnern uns auch, daß Helmholtz 1843 Versuche über Fäulnis und Gärung sowie weitere physikalische Messungen an biologischen Objekten in Magnus' Labor durchführen durfte. Magnus hat also auch diese Richtung unterstützt, ohne sich damit eingehend zu beschäftigen. Als aber Helmholtz seinen Vortrag zum Energiesatz über Magnus bei Poggendorff als Herausgeber der Annalen einreichte, unterstützte Magnus die Aufnahme nur mit ein paar mageren allgemeinen Worten, so daß die Veröffentlichung abgelehnt wurde und ein Freund der Physikalischen Gesellschaft, der Verleger Reimer, die Arbeit separat brachte. Hier ist bei dem Experimentalphysiker Magnus eine gewisse »Theorienverdrossenheit« zu sehen. Angesichts der Ausläufer der Schellingschen Naturphilosophie mit ihren Spekulationen und des Kampfes um die »vis vitalis« zog er sich auf einen engen empirischen Standpunkt zurück. So erschien ihm Helmholtz' universelle Auslegung des Energiesatzes und andere Vorträge der Physikalischen Gesellschaft als eine mit der Physik unverträgliche philosophische Verallgemeinerung. Konnte sich Magnus zu einer Gesellschaft bekennen, in der auch solche weitgehende scheinbar philosophische Auffassungen vorgetragen wurden?

Die vermutlich größte Leistung der Physikalischen Gesellschaft war die Herausgabe des ersten deutschen Referateorgans für die Physik (Fortschritte der Physik). Es war mit dem Anwachsen der Veröffentlichungen unabdingbar geworden. 1846 wurden bereits 104 Zeitschriften ausgewertet und referiert. Laut Wiedemann hatte bereits Magnus (offenbar auf Berzelius' Anregung) einen solchen »Jahresbericht« geplant. Ob er allerdings mit einer solch weiten Palette von zu rezensierenden Zeitschriften von der Technik bis zur Medizin einverstanden gewesen wäre, wissen wir nicht.

Zum Verhältnis von Magnus zur physikalischen Gesellschaft kann man mit Vorsicht also folgende Auffassung konstatieren: Ein so bedeutender Physiker wie Magnus hat den wissenschaftlichen Trend seiner Zeit wohl erkannt und in diesem Sinne die Gründung der Physikalischen Gesellschaft mit angeregt oder vorbereitet. Aber als Älterer hielt er sich vornehm zurück, wollte auch nicht in allem mithalten und überließ es den Heißspornen der jungen Generation, in dieser neuen Gesellschaft die neuen Herausforderungen der Physik und der Zeit aufzunehmen und zu verwirklichen. Das endgültige Fazit lautet deshalb, Magnus hat einer neuartigen wissenschaftlichen Institution mit den Weg bereitet, ohne sich selbst mit ihr identifizieren zu können oder zu wollen.

Literatur:

Feier des fünfzigjährigen Stiftungsfestes der Physikalischen Gesellschaft zu Berlin. Verh. d. Phys. Ges. zu Berlin 15 (1896), H. 1, S. 1-40.
Theo Mayer-Kuckuk (Hg.): Festschrift 150 Jahre Deutsche Physikalische Gesellschaft. Phys. Bl. 51 (1995), S. 1.

Die im folgenden faksimilierte Adresse an die Berliner Akademie der Wissenschaften über die Öffentlichkeit von deren Sitzungen wurde von der Physikalischen Gesellschaft im Revolutionsjahr 1848 ausgelegt und von etwa hundert Personen unterzeichnet.

An die

Königl. Akademie der Wissenschaften
zu Berlin.

Ueberallhin dringt in diesem Augenblicke neubefruchtend das Prinzip der Oeffentlichkeit. Ihm huldigt, was frische Lebenskraft in sich fühlt, und der Macht der öffentlichen Meinung will es seine eigene Macht verdanken.

Darum erwacht jetzt wieder mit größerer Lebhaftigkeit als je in Vielen ein Wunsch, den sie lange hegten: der Wunsch, daß das Prinzip der Oeffentlichkeit auch auf dem Gebiete der Wissenschaft Platz greifen und daß es der Akademie gefallen möge, die Thüren ihres Sitzungssaales allen denen zu öffnen, die in ihr die vornehmste Vertreterin deutscher Wissenschaft verehren.

Zwar sind die Sitzungen der Akademie stets schon solchen Einzelnen zugänglich gewesen, die durch ein Mitglied eingeführt wurden. Auch hält die Akademie von Zeit zu Zeit bereits wirklich öffentliche Sitzungen. Doch in so verkümmerter Gestalt leistet die Oeffentlichkeit die Bürgschaften nicht, wodurch allein jenes Vertrauen erwächst, dessen eine Körperschaft bedarf, um mächtig zu sein in einem constitutionellen Staat.

Möchte denn die Scheidewand fallen, die zu lange bestanden hat zwischen der Akademie und dem größeren Publikum; möchte es diesem vergönnt sein, statt durch kurze Zeitungsanzeigen und erst nach Monaten erscheinende Sitzungsberichte, in unmittelbarster Frische aus dem Munde der großen Forscher selbst die Ergebnisse ihrer Arbeiten zu vernehmen; möchte den Tageblättern Gelegenheit gegeben werden, diese Ergebnisse in weitern Kreisen durch Berichterstatter zu verbreiten, welche bemüht sind, sie allgemein ver=

ständlich und ihr Gewicht allen Theilen der Gesellschaft fühlbar zu machen. Dann wird auch bald die lebendigste Einwirkung der Akademie auf das Volk beginnen, und wo jetzt ihr Bestehen vielleicht kaum gekannt oder mit Gleichgültigkeit betrachtet ist, wird sie als ein Stolz der Nation und als derjenige unentbehrliche Bestandtheil des Gemeinwesens erscheinen, dessen wichtige Aufgabe es ist, in Sachen der Wissenschaft stets die Initiative zu ergreifen.

In dieser Ueberzeugung treten die Unterzeichneten ehrfurchtsvoll vor die Akademie, und sprechen ihr den Wunsch aus:

„Es möchten die sämmtlichen Sitzungen der Akademie „fortan öffentliche sein, insofern die Verhandlungen „wissenschaftliche Gegenstände betreffen."

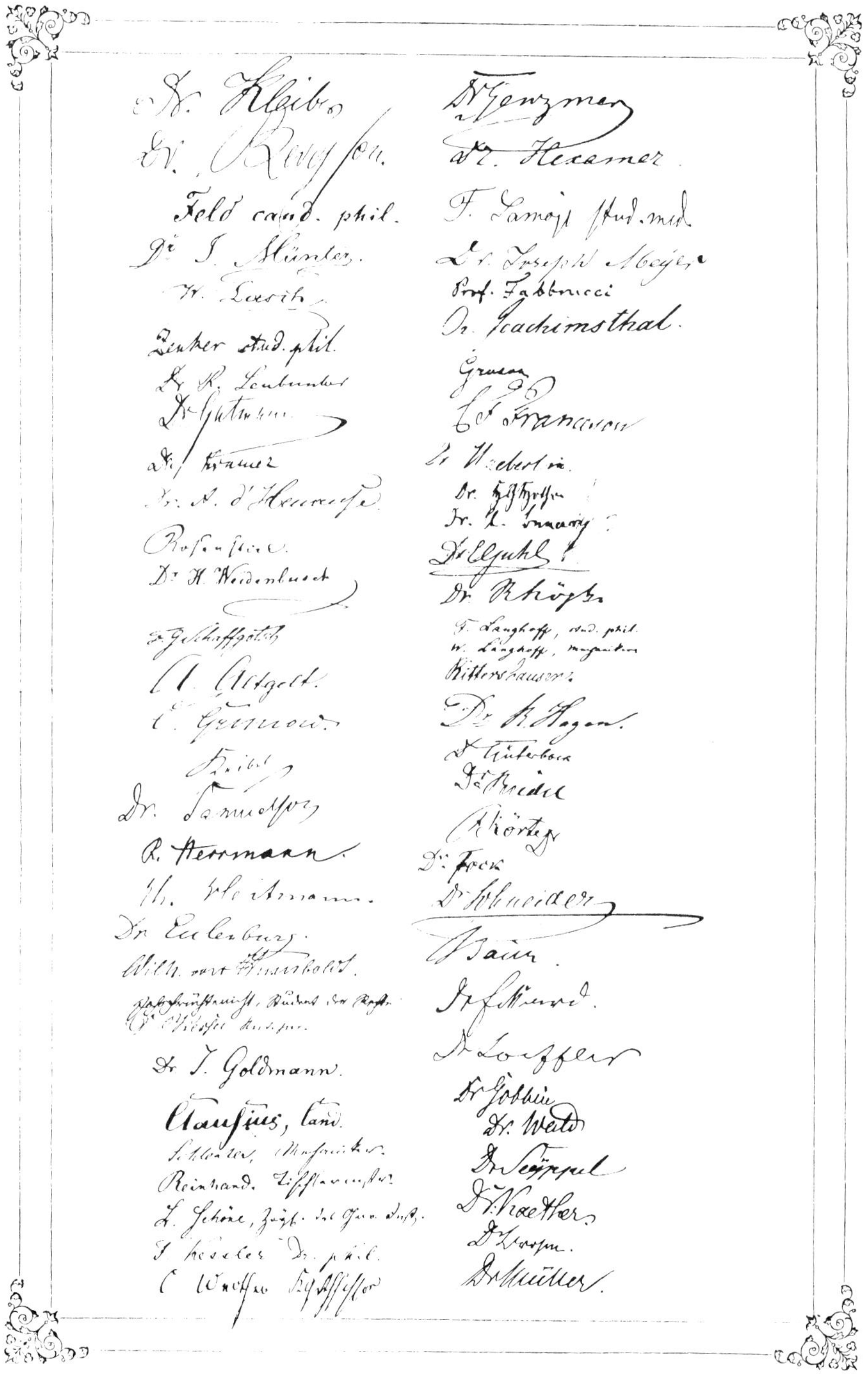
Dr. Kleiber
Feld cand. phil.
Dr. I. Münter
Zenker stud. phil.
R. Herrmann
Dr. Eulenburg
Dr. I. Goldmann
Clausius, cand.
Reinhard.
Dr. phil.
Dr. Hexamer
stud. med.
Dr. Joseph Meyer
Dr. Joachimsthal
F. Langhoff, stud. phil.
Rittershausen
Dr. R. Hagen
Dr. Schneider
Dr. Loeffler
Dr. Müller

[signatures, largely illegible]

A. Traube
Dr. Gautner
Dr. Sommer
Dr. Weihertorz
E. Borchard
C. Rammelsberg
Emil v. Morozowicz
J. Zelle
P. Loubell
W. Wohlpors, Ober-...-Assessor
Dr. Waechter

Der Magnus-Effekt: Zu seiner Entdeckung, seiner Erklärung und seiner technischen Bedeutung

Markus Ecke und Falk Rieß

Im nachfolgenden Text werden die wesentlichen Stationen der Entdeckungsgeschichte des Magnus-Effektes wiedergegeben, zu der Gustav Magnus durch die ersten experimentellen Untersuchungen des Effektes im Labor im Jahre 1852 wesentlich beigetragen hat.

Die Erscheinung des Magnus-Effektes besteht darin, daß ein rotierender Körper, wenn er sich relativ zum umgebenden Medium (Luft oder eine Flüssigkeit) bewegt, außer der Widerstandskraft (entgegen der Bewegungsrichtung) auch einen Auftrieb (senkrecht zur Bewegungsrichtung) erfährt. Dieser Auftrieb ist nach jener Seite hin gerichtet, auf der die Relativgeschwindigkeit zwischen Luft und Körperoberfläche am kleinsten ist, auf der also die von der Drehung herrührende Umfangsgeschwindigkeit mit der der vorbeistreichenden Luft gleichgerichtet ist. Abb. 1 zeigt die auftretenden Kräfte und Richtungen; mit ω ist die Winkelgeschwindigkeit, mit v die Geschwindigkeit des Körpers in Flugrichtung, mit W der Widerstand und mit A der Auftrieb bezeichnet.

Diese Abweichung von der eigentlich erwarteten geradlinigen Flugrichtung tritt deutlich bei in die Luft geworfenen rotierenden Kugeln in Erscheinung. Schon 1671 erwähnte Isaac Newton die Tatsache, daß ein von einem Racket schräg getroffener Tennisball eine gewundene Kurve beschreibt. Auch bemerkte er eine Beziehung zwischen der Ablenkungsrichtung und dem Drehsinn der Rotation des Balles. Wird der Ball rechts streifend angeschlagen, so weicht er von der Vertikalebene seiner ursprünglichen Flugbahn nach links ab und umgekehrt. Von unten angeschlagene Bälle fliegen gestreckter, von oben angeschlagene kürzer.

Die Geschichte der physikalischen Klärung dieses Effektes nahm jedoch nicht seinen Ausgangspunkt beim Ballsport, sondern – wie so oft – bei dem gesellschaftlich weit bedeutenderen Anwendungsgebiet der Kriegstechnik, speziell in der Militär-Ballistik. Als noch mit richtigen »Kugeln« aus glatten Kanonenrohren geschossen wurde, konnte auch hier der Effekt der Seitenabweichung beobachtet werden, die bis zu 25% der gesamten Schußweite betragen konnte. Bedingt durch das Herstellungsverfahren (Metallguß) wichen die Kugeln um einiges von der idealen Kugelgestalt ab. Vor allen Dingen fiel ihr Schwerpunkt nicht mit dem Kugelmittelpunkt zusammen. Da der Druck der Pulvergase beim Abschuß jedoch im Kugelmittelpunkt angreift, wurden hierdurch die Kugeln im Lauf in Rotation versetzt.

Im Jahre 1742 sprach der Engländer Benjamin Robins (der Erfinder des bal-

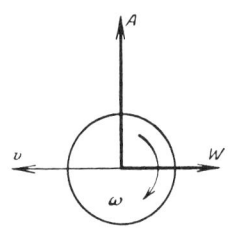

Abb. 1: Schema des Magnus-Effektes.

listischen Pendels) in seinem Standard-Werk »New Principles of Gunnery« die Vermutung aus, daß die Abweichung einer sphärischen Kanonenkugel durch eben diese Rotation bedingt sei. Seine Vermutung basierte auf folgenden Schießversuchen:

Er befestigte einen Musketen-Lauf (eine Muskete ist ein etwa 2 m langes Gewehr mit glattem Lauf, das Kaliber beträgt 18-20 mm) derart auf einem schweren Gestell, daß es die Kugeln stets in dieselbe Richtung abschoß. Dennoch ging der Schuß mal zu weit nach links, mal zu weit nach rechts, mal war er aber auch zu kurz oder zu lang im Vergleich zu der damals erwarteten und berechneten parabolischen Bahn, auch wenn die generelle Verkürzung der Schüsse durch den Einfluß des Luftwiderstandes berücksichtigt wurde. Als Ergebnis seiner Experimente stellte er fest: Je weiter das Ziel entfernt war, umso »ungewisser« waren die Schüsse, d. h. die Abweichungen der Kugeln wuchsen in einem größeren Verhältnis als die Entfernungen. Er schloß daraus, daß die Bahn der Kugel nicht nur in Flugrichtung anders gekrümmt sein mußte, als es die Parabel erwarten läßt, sondern auch eine Krümmung zur Seite hin aufwies. Diese Krümmungen konnten jedoch nicht durch eine Kraft verursacht worden sein, die nur im Rohr gewirkt hatte, etwa durch Reibung an den inneren Wänden oder durch ein Anschlagen der Kugel an die Rohrmündung. Es mußte während des gesamten Fluges eine Kraft schief auf die Kugel wirken. Die Ursache dieser Kraft sah B. Robins in der unsymmetrischen Form und Masseverteilung der Kugel, die zu einer »wirbelförmigen Bewegung« dieser um sich selbst führen sollte. Dieses sollte dann eine »Schiefe des Widerstandes« zur Folge haben, um so schiefer, je schneller das Geschoß rotierte.[1]

Benjamin Robins war also schon auf der richtigen Spur zur Erklärung des Effektes, doch zunächst wurde dieser Erklärungsversuch aufgrund neuerer Überlegungen von Leonhard Euler (1707-1783), einer unbestrittenen Autorität in der Mechanik und der Mathematik, nicht weiter verfolgt. Euler wurde von Friedrich dem Großen (1712-1786) in einer Reihe von praktischen Fragen zu Rate gezogen, insbesondere auch in solchen artilleristischer Natur. »Der König hatte Herrn Eulers Meinung über das beste in dieses Fach schlagende Werk verlangt«.[2] Daraufhin übersetzte Euler 1745 das Werk von Robins, fügte jedoch Erläuterungen und Zusätze hinzu. Diese enthielten eine zur damaligen Zeit vollständige Theorie der Bewegung der geworfenen Körper, die lange Zeit allgemein anerkannt und sogar ins französische übersetzt wurde.

In seinen Zusätzen widerspricht Euler nun der Auffassung von Robins, daß die Ablenkung der Kugeln durch die Rotation bedingt sei:

> »Die wahre Ursache also der Schüsse bestehet ganz allein in dem Mangel der runden Figur der Kugel, und es kann eine drehende Bewegung der Kugel dazu nichts merkliches beytragen«.[3]

Seine Überlegungen hierzu waren folgende: Würde die Kugel im Rohr des Geschützes auf irgendeine Weise in Rotation versetzt werden, so könne die Kugel

---

1 Euler 1922, S. 393.
2 Fuss 1786.
3 Euler 1922, S. 399.

jedoch im Fluge diese Rotation nicht aufrechterhalten. Er glaubte, daß die drehende Bewegung der unsymmetrischen Kugel durch den Luftwiderstand derart abgebremst werde, daß sie nicht weiter schnell rotieren könne, sondern stark gedämpft mit dem Kugelmittelpunkt um den Schwerpunkt hin und her pendele, bis schließlich der Kugelmittelpunkt hinter dem Schwerpunkt zu liegen kommt. Angeblich kann dieser »Umstand auch jederzeit in der That wahrgenommen (werden)«;[4] es muß allerdings stark bezweifelt werden, daß solche diffizilen Beoachtungsergebnisse an schnell fliegenden Kanonenkugeln (ca. 500 m/s) überhaupt möglich sind.

Als Begründung für die Seitenabweichung der Kugeln gibt Euler an, daß Mängel in der Rundung der Kugeln ein seitliches Angreifen des Luftwiderstandes zur Folge hätten. Dieser drücke dann während des Fluges das Geschoß stets zu einer Seite. Nach seiner Theorie hätte dann eine drehende Bewegung der Kugel sogar die Aufhebung der Wirkung des Effektes zur Folge. Bei Geschossen aus gezogenen Läufen, in denen die Projektile bekanntlich in schnelle Rotation versetzt werden, dürften seiner Auffassung nach aus diesem Grunde die Abweichungen gar nicht auftreten. Wie unten noch gezeigt wird, ist dies jedoch nicht der Fall. Trotz dieses Irrtums von Euler waren die »Neuen Grundsätze der Artillerie«, die nicht nur die Seitenabweichung der Geschosse behandelte, lange Zeit als das Standardwerk der Ballistik anerkannt. Nach H. Müller wurde allerdings in einem 1816 erschienenen Handbuch der Artillerie von G. Scharnhorst (er war preußischer Generallieutenant und ihm unterlag die Prüfung aller neuen Erfindungen im Waffen- und Befestigungswesen) die Vermutung angestellt, daß die Rotation der Kugel doch die Ursache der Ablenkung sein könne. Scharnhorst hatte durch Versuche festgestellt, daß exzentrische Bomben größere Abweichungen ergeben als konzentrische.[5]

Gegen 1830 ging man nun daran, Schießversuche mit exzentrischen Kugeln (genauer: Granaten, d. h. mit Sprengpulver gefüllte Hohlkugeln) durchzuführen, um die sonst ganz unregelmäßigen Rotationen zu beherrschen. Der Schwerpunkt dieser Kugeln wurde in einem Quecksilberbad bestimmt, und die Kugeln wurden entsprechend markiert.[6] Beim Schießen dieser exzentrischen Kugeln zeigte sich dann auch, daß der Schuß, wenn die Kugel mit ihrem Schwerpunkt nach unten geladen war, regelmäßig zu kurz ging (da der Druck der Pulvergase im Kugelmittelpunkt angreift, ergibt sich hierbei eine Drehung der Kugel in Flugrichtung). Lud man mit dem Schwerpunkt nach oben, ging der Schuß zu weit. Entsprechend gab es beim Schwerpunkt nach rechts Abweichungen nach rechts und beim Schwerpunkt nach links Abweichungen nach links. Die besten Ergebnisse sollen mit der Ladung »Schwerpunkt unten« erzielt worden sein.[7] Durch die Ergebnisse der Schießversuche war man nun davon überzeugt, daß die Abweichungen der Kanonenkugeln durch ihre Rotation bedingt seien.

---

4 Ebd., S. 398.
5 Müller 1893, Bd. 1, S. 28.
6 Ebd., S. 28.
7 Ebd.

Durch diese Versuche erkannte man aber auch, daß die Treffsicherheit erhöht werden könne, wenn man bewußt exzentrische Kugeln verwendete. Die Abweichungen von der theoretischen Flugbahn wurden damit nämlich kalkulierbar. Daraufhin wurden im Juli 1831 die exzentrischen Hohlgeschosse eingeführt.

Dennoch war durch die Schießversuche noch immer keine plausible Erklärung für den Effekt der Seitenabweichung gefunden. Auch dem französischen Mathematiker und Theoretiker Siméon-Denis Poisson (1781-1840) wollte dies nicht gelingen. Er hatte 1839 in seinem Werk »Recherches sur le mouvement des projectiles«[8] mehrere mögliche Ursachen für die Abweichungen theoretisch untersucht, insbesondere auch die der Wirkung der Luftreibung. Seine Überlegung war, daß auf der vorderen Seite die Luftdichte größer sei als auf der hinteren Seite der Kugel. Er schloß daraus, daß somit auch die Reibung zwischen der Kugel und der Luft vorne größer sein müsse als hinten. Folglich müßte die Kugel wie auf einem Polster in die Höhe laufen (Polstertheorie). Er selbst wies aber auch nach, daß die Luftreibung keineswegs ausreichen könne, um solche Wirkungen hervorzurufen. Vor allem aber zeigten die Schießversuche mit den exzentrischen Kugeln, daß die Ablenkung gerade nach der anderen, der »falschen« Seite erfolgte, als die Polstertheorie es verlangte.

Trotz zahlreicher Versuche in der Folgezeit, die Abweichungen zu erklären, mußte noch 1848 der Württembergische Major der Artillerie Hr. v. Heim in seinen »Beiträgen zur Ballistik in besonderer Beziehung auf die Umdrehung der Artilleriegeschosse« bedauernd konstatieren:

> »Sonach ist die Aufgabe eine den Anforderungen der Wissenschaft entsprechenden Erklärung der erwähnten paradoxen Erscheinung zu geben, bis jetzt noch keineswegs gelöst«.[9]

Die erste plausible und allgemein anerkannte Erklärung des Effektes wurde von Gustav Magnus in seiner Abhandlung »Über die Abweichung der Geschosse«, gelesen vor der Berliner Akademie der Wissenschaften am 7. August 1851 und 17. Juni 1852, gegeben.[10] Gustav Magnus wollte in Analogie zu Untersuchungen, die er früher in Bezug auf die Bewegung von Flüssigkeiten angestellt hatte, den Druck untersuchen, der an verschiedenen Stellen des Geschosses herrscht. Dieser konnte selbstverständlich nicht an einer fliegenden Kanonenkugel beobachtet werden. Magnus ging nun davon aus – und das war der entscheidende Schritt zur experimentellen Lösung des Problems –, daß sich die Druckverhältnisse an einer sich bewegenden Kugel immer auf die gleiche Weise ausbilden, unabhängig davon, ob sich die Kugel durch die Luft bewegt oder ob die Kugel an einer Stelle fest bleibt und die Luft sich an ihr vorbei bewegt.

Zur Untersuchung der Druckkräfte befestigte er eine Kugel auf einer Achse, die er mittels eines Schwungrades in Rotation versetzen konnte. Gegen die Kugel richtete er einen Luftstrom, den er mit Hilfe eines Zentrifugalgebläses erzeugte. Die Kugel ersetzte er später durch einen Zylinder, da an diesem die Vorgänge besser zu erkennen sind. Kleine leichte und sehr bewegliche Windfahnen, die er

---

8 Poisson 1839.
9 Heim 1848, S. 13.
10 Magnus 1852.

an beide Seiten des Zylinders stellte, sollten nun die Veränderung des Druckes anzeigen, wenn der Zylinder im Luftstrom in Rotation versetzt wurde (siehe Abb. 2). War der Zylinder in Ruhe (und nur die Luft bewegte sich), so nahmen die beiden Fahnen die Richtung des Luftstromes an. Versetzte er ihn jedoch in Rotation, so wandte sich das Fähnchen auf der Seite zu dem Zylinder hin, auf der die Richtung des Luftstroms mit der des Zylinders übereinstimmte. Auf der anderen Seite dagegen, wo die Richtung des Zylinders und die des Luftstromes entgegengesetzt waren, wandte sich das Fähnchen vom Zylinder ab. Aus diesen Beobachtungen schloß er, daß auf der einen Seite ein geringerer, auf der anderen ein größerer Luftdruck vorhanden sei, als wenn der Zylinder nicht rotierte.

Seine Begründung hierfür war folgende: Durch die Drehung des Zylinders wird die Luft um ihn herum in eine drehende Bewegung versetzt. Auf der Seite des Zylinders, wo die rotierende Luft mit dem Luftstrom gleichgerichtet ist, bewegt sich die Luft nun schneller als auf der anderen Seite, wodurch es zu einem Unterdruck komme. In seiner Untersuchung »Über die Bewegung der Flüssigkeiten«[11] hatte er bereits folgende Feststellung gemacht, wie er in »Über die Abweichungen der Geschosse« formuliert:

> »Wenn eine Flüssigkeit in eine gleichartige Masse mit einer gewissen Geschwindigkeit durch eine Öffnung einströmt, so ist der Druck, welcher senkrecht gegen die Richtung stattfindet, nach welcher sich die einströmende Masse bewegt, geringer als der, welcher an dieser Stelle im Zustand der Ruhe vorhanden sein würde«.[12]

(Dies kann leicht beobachtet werden, wenn man durch eine Röhre an einer Kerzenflamme vorbei bläst. Ist die Geschwindigkeit des Luftstromes groß genug, so wird die Flamme zum Luftstrom hingezogen). Die Annahme eines Unterdruckes und die Erklärung dafür widersprach den damaligen Vorstellungen, denn bisher hatte man geglaubt, daß die an einer Zylinderoberfläche vorbeistreichende Luft infolge der Zentrifugalkraft einen Überdruck zur Folge hätte.

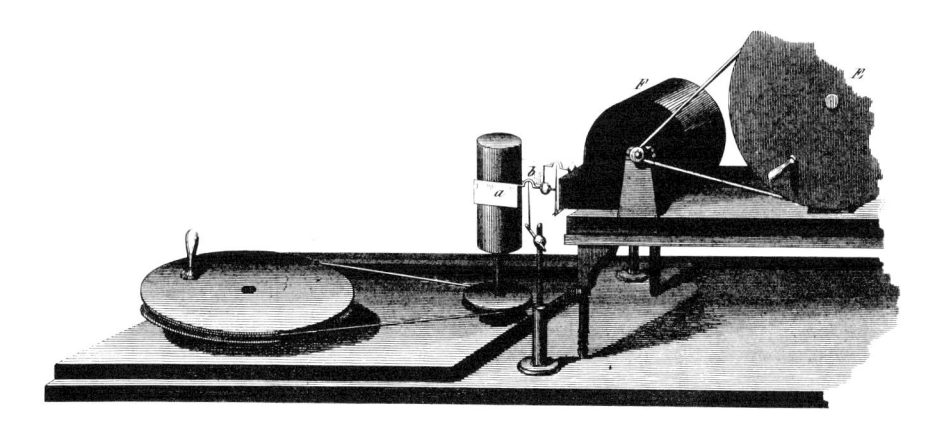

Abb. 2: Versuchsaufbau von Magnus zur Druckuntersuchung am rotierenden Zylinder.

---

11 Magnus 1848.
12 Magnus 1852, S. 6.

Den Überdruck auf der anderen Seite des Zylinders erklärte Magnus durch die folgende Beobachtung: Richtet man zwei Wasserstrahlen gleicher Stärke gegeneinander, so bildet sich dort, wo sie aufeinander treffen, eine kreisförmige Scheibe senkrecht zu den Strahlen aus (siehe Abb. 3). Beim Zusammentreffen von Flüssigkeiten heben sich die Kräfte nämlich nicht zu null auf, sondern die Flüssigkeiten weichen einander aus. Magnus schloß nun hieraus, daß bei dem rotierenden Zylinder auf der Seite, auf der die Luftströmungen entgegengesetzt sind, eben deswegen auch eine seitliche Bewegung der Luft stattfindet. Diese ausweichenden Luftmassen wirken auf die Kugeloberfläche, und er deutete das als Überdruck. Diesen Überdruck meinte er durch die Stellung des Fähnchens, das durch die ausweichenden Luftmassen zur anderen Seite gedrückt wurde, nachgewiesen zu haben.

Heute wissen wir, daß der hier beschriebene Versuch keinen direkten Aufschluß über die Luftdruckverhältnisse in der Umgebung des Zylinders gibt. Mit Windfahnen kann man schließlich keine Druckmessungen durchführen. Sie zeigen durch ihre Bewegung lediglich das Auftreten von Strömungen, und durch ihre Stellung geben sie die Richtung der Strömungslinien an. Dennoch muß das Vorhandensein von solchen stationären einseitigen Strömungen am Ende doch wieder durch entsprechende asymmetrische Druckverteilungen hervorgerufen worden sein. (Wie die Strömungen um den Zylinder tatsächlich aussehen, wird weiter unten beschrieben).

Die Druckunterschiede am rotierenden Zylinder gab Magnus nun als die Ursache für die Abweichung der Kanonenkugeln an. Um zu zeigen, daß diese Wirkung tatsächlich ausreiche, um ein Geschoß abzulenken, führte er einen zweiten Versuch durch. Hierzu nahm er einen hohlen Messingzylinder, der – um seine Längsachse drehbar – zwischen zwei in einem Ring aus Metall befestigten Spitzen senkrecht stehend gelagert war (siehe Abb. 4). Mittels einer Schnur, die er um eine kleine Rolle an der Achse wickelte, konnte er diesen Zylinder in Rotation versetzen. Der Ring mit dem Zylinder war durch eine vertikale Stange mit einem Holzbalken befestigt, der durch Schnüre horizontal drehbar aufgehängt und durch ein Gewicht ausbalanciert war. Das Zentrifugalgebläse wurde auf einem drehbaren Tisch vor dem Zylinder aufgestellt. Rotierte der Zylinder, ohne daß ein Luftstrom gegen ihn wirkte, so blieb er an seiner Stelle. Ebenso blieb er in Ruhe, wenn er nicht rotierte und ein Luftstrom gegen ihn gerichtet wurde. Traf aber der Luftstrom den rotierenden Zylinder, so bewegte sich dieser mit dem Waagebalken zu der Seite hin, auf der die Luft durch die Rotation und durch das

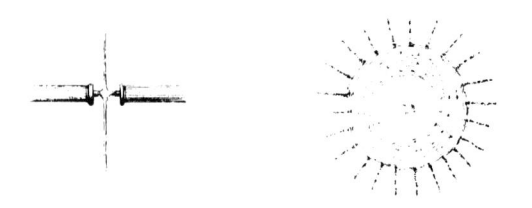

Abb. 3: aufeinander prallende Flüssigkeitsstrahlen.

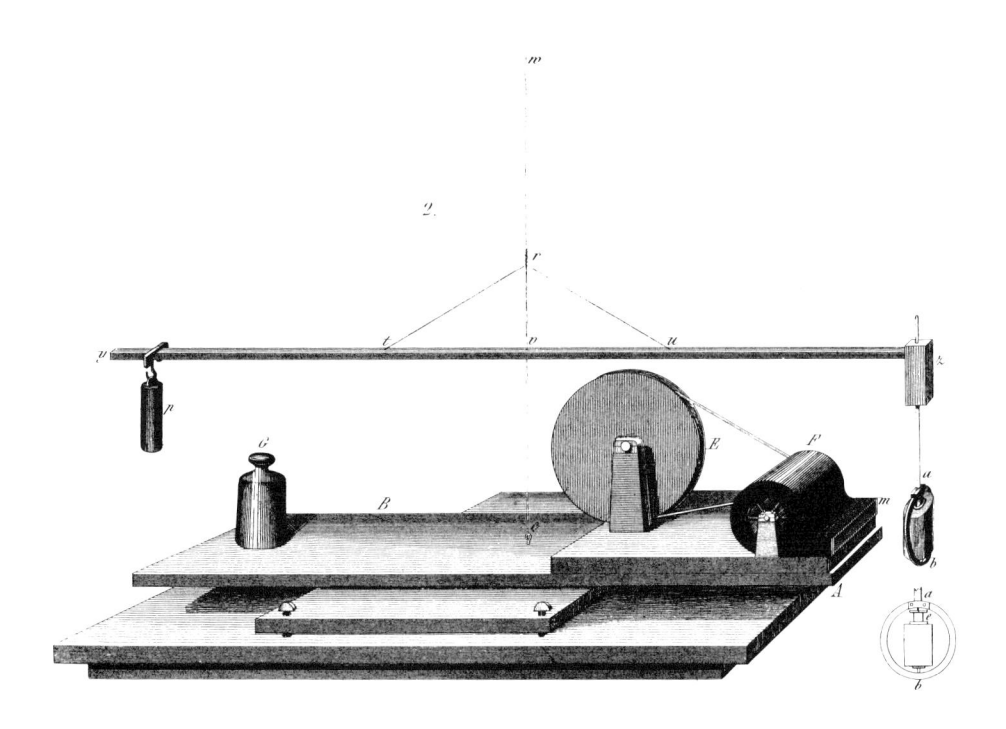

Abb. 4: Demonstrationsversuch zur Ablenkung rotierender Körper im Luftstrom.

Zentrifugalgebläse in gleichem Sinn bewegt wurde. Folgte er nun dem Zylinder mit der Drehung des Gebläses, so bewegte er sich solange seitlich weiter, wie seine Rotation noch stark genug war. Ließ er den Zylinder anders herum rotieren, so ging auch die Abweichung in die andere Richtung. Auch konnte er durch den Luftstrom gegen den Zylinder die Drehung des Waagebalkens abbremsen, wenn dieser zuvor in die andere Richtung angestoßen wurde.

Die Größe der ablenkenden Kraft, die er allerdings nicht gemessen hatte, schien ihm nun durchaus von solcher Größe zu sein, daß die Ablenkung der Kanonenkugeln wirklich damit erklärt werden konnte, und auch die Richtung der Ablenkung befand sich in Übereinstimmung mit den Schießversuchen.

Seitdem ist es üblich geworden, die ganze Erscheinungsgruppe mit dem Namen »Magnus-Effekt« zu belegen.

> »Das Verdienst von Magnus um die erste laboratorische Klarlegung des Effektes erfuhr dadurch seine gerechte Würdigung«, auch wenn seine Erklärung »infolge des damaligen primitiven Zustandes der Strömungslehre uns Heutige gar nicht mehr zu befriedigen vermag«.[13]

---

13 Prandtl 1925, S. 93/94.

Gustav Magnus wird oft als Vater der deutschen Experimentalphysik angesehen, unter anderem deshalb, weil er als erster Hochschullehrer Experimentalpraktika als verpflichtenden Bestandteil der universitären Ausbildung einführte; darüber hinaus hinterließ er der Berliner Universität weit über 500 Experimentiergeräte für Forschung und Lehre. Seine Untersuchungen zum Magnus-Effekt zeigen die typischen Kennzeichen damaliger und heutiger Experimentierkunst zu Demonstrationszwecken:

- die treffsichere Modellierung eines Phänomens, d. h. hier die Beschränkung auf die wesentlichen Elemente Rotation und Luftbewegung
- die geniale Idee, nicht direkt beobachtbare Vorgänge durch die Vertauschung von bewegtem Objekt und ruhender Luft der Beobachtung zugänglich zu machen
- die Beschränkung auf qualitative Argumente, denn die Problematik aerodynamischer Modellierung war ihm noch nicht bekannt.

Bevor die Geschichte des Magnus-Effektes bis zur vollständigen Klärung durch Ludwig Prandtl (1875-1953) weiter fortgeführt wird, soll auf ein ähnliches Phänomen hingewiesen werden, dessen Ursache fälschlicherweise häufig ebenfalls im Magnus-Effekt gesehen wird. Es handelt sich hier um die Seitenabweichung länglicher Geschosse aus gezogenen Läufen. Bei Schüssen aus gezogenen Läufen stellte man nämlich auch eine Seitenabweichung der Geschosse fest, die jedoch geringer als die von runden Kugeln aus den glatten Läufen war. Zudem tritt die Abweichung stets zur selben Seite hin auf, nämlich nach rechts für den hinter dem Geschütz stehenden Beobachter. Diese Abweichung ist folgendermaßen zu erklären: Durch die Züge in den Läufen wird das Geschoß zum Zwecke der Stabilisierung in Rotation versetzt. In der Regel sind diese Züge rechtsläufig, das heißt, das Geschoß wird sich, von hinten betrachtet, im Uhrzeigersinn drehen. Während das Geschoß aufgrund der stabilisierenden Rotation bestrebt ist, in seiner Lage zu verharren, krümmt sich die Flugbahn unter dem Geschoß weg. Die Geschoßspitze ist also gegenüber der Tangente der Flugbahn angehoben. Dies hat zur Folge, daß der Luftwiderstand auf die untere Seite des Geschosses wirkt. (Der Magnus-Effekt kann also nicht der Grund für die Seitenabweichung der Langgeschosse sein, denn sonst müßte diese nicht nach rechts, sondern genau entgegengesetzt erfolgen, wie sich aus der o. a. Argumentation von Magnus ergibt). Diese Widerstandskraft greift jedoch nicht genau im Schwerpunkt, sondern etwas oberhalb an. Der Luftwiderstand versucht also die Geschoßspitze zu heben, was aufgrund der schnellen Rotation des Geschosses eine Präzessionsbewegung der Spitze nach rechts zur Folge hat. Daraufhin erfährt das Geschoß einen »Seitenwind« von links. Dieses seitliche Angreifen des Luftwiderstandes bewirkt nun zum einen wiederum eine Präzessionsbewegung der Geschoßspitze, diesmal nach unten, so daß sie der Flugbahntangente hinterher eilt. Zum anderen drückt der Luftwiderstand das Geschoß zur rechten Seite hin, was die Rechtsabweichung der Geschosse begründet. (Bei linksläufigen Geschützen ist dementsprechend eine Linksabweichung festzustellen.)

Magnus hatte diesen Sachverhalt in seiner Abhandlung »Über die Abweichung der Geschosse« untersucht und erläutert. Durch Schießversuche mit der Königlichen Artillerie-Prüfungs-Commission stellte er die Anhebung der Geschoßspitze gegenüber der Flugbahntangente fest. Hierzu ließ er längliche Geschosse mit solch geringer Pulverladung abschießen, daß sie während des Fluges beobachtet werden konnten. Die neben der Schießbahn aufgestellten Personen stellten übereinstimmend fest, daß die Spitze etwas höher lag, als sie hätte sein müssen, wenn sie die Tangente zur Flugbahn gewesen wäre. Um die Auswirkungen des Luftwiderstandes auf das Geschoß zu untersuchen, ließ Magnus wieder einen kleinen Apparat bauen. Er befestigte einen (teils hohl gearbeiteten) Körper, der die Form eines Langgeschosses hatte, so in einer kardanischen Aufhängung, daß sich der Schwerpunkt des Körpers genau im Mittelpunkt aller drei Ringe befand (siehe Abb. 5). Der Körper war um seine Achse leicht drehbar aufgehängt und konnte durch Abziehen einer Schnur, die man auf eine Rolle aufwickelte, in Rotation versetzt werden. Er stellte diesen geschoßähnlichen Körper so auf, daß sich dessen Achse in der Vertikalebene eines gleichmäßigen Luftstromes befand und einen kleinen Winkel mit der Horizontalebene bildete, so daß die Spitze etwas oberhalb des Schwerpunktes zu liegen kam. Wenn der Körper nicht rotierte, wurde im Luftstrom die Spitze angehoben. Führte er den gleichen Versuch durch, wobei er den Körper jedoch vorher in Rotation versetzte, so wich die Spitze des Körpers zur Seite hin aus und beschrieb einen Kegel. Magnus hatte hiermit also nachgewiesen, daß die Luftwiderstandsresultante beim Geschoß oberhalb des Schwerpunktes angreift und die Geschoßspitze zu heben versucht, was dann die bereits bekannte von Bohnenberger untersuchte Präzessionsbewegung zur Folge hatte; Bohnenberger hatte die Präzessionsbewegung eines rotierenden Sphäroiden in einer kardanischen Aufhängung untersucht und damit die Nutation der Erde erklärt.[14]

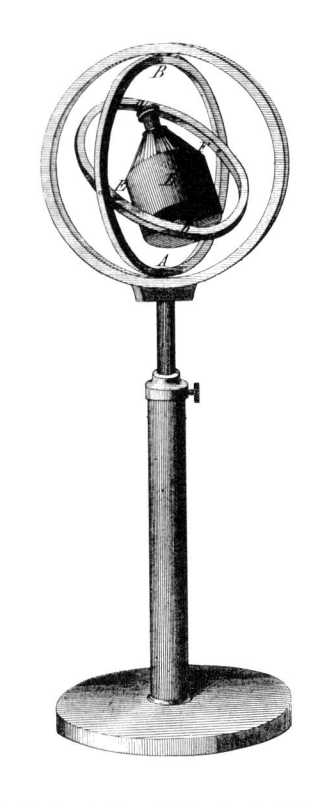

Abb. 5: Geschoßmodell in kardanischer Aufhängung.

In der zweiten Hälfte des 19. Jahrhunderts wurden die Kanonenkugeln fast vollständig durch die aus gezogenen Läufen abgefeuerten Langgeschosse verdrängt. Die Gründe hierfür waren folgende: Zum einen war die Treffsicherheit der Geschütze mit gezogenen Läufen besser als die von denen mit glatten Rohren, denn die Ablenkung aufgrund der Präzession war nicht so groß wie die Ablenkung aufgrund des Magnus-Effektes, und die Ablenkung der Langgeschosse ging stets zur gleichen Richtung, so daß eine Korrektur mit der Visiereinstellung vorgenommen werden konnte. Darüber hinaus konnte man durch die Verwendung

---

14 v. Bohnenberger 1817, S. 72-83.

von Langgeschossen eine Vergrößerung der Geschoßmasse und somit auch der Wirkung erreichen, ohne gleichzeitig eine Vergrößerung des Kalibers vornehmen zu müssen. Dies hätte nämlich schwerere und somit unbeweglichere Geschütze zur Folge gehabt.

Von nun an konzentrierten sich die weiteren Untersuchungen der Ballistiker fast ausschließlich auf die Langgeschosse. Da bei diesen Geschossen allein die Präzessionsabweichung eine Rolle spielt, hatte das Militär von nun an kein Interesse mehr am Magnus-Effekt, und er geriet in diesem Bereich in Vergessenheit.

1877 tauchte der Magnus-Effekt in England noch einmal auf, diesmal jedoch nicht als Problem der Artillerie, sondern des Sports. Lord Rayleigh untersuchte in seiner Abhandlung »On the irregular flight of a tennis-ball«[15] die Abweichung der geschnittenen Tennisbälle, in der er sich ausdrücklich auf Magnus bezog. Die Strömungslehre hatte inzwischen durch Hermann Helmholtz (1821-1894), Sir William Thomson und andere bedeutende Fortschritte gemacht, die allerdings fast ausschließlich ideale Flüssigkeiten behandelten. Lord Rayleighs Rechnungen knüpften an die Strömung einer solchen idealen Flüssigkeit um einen in der Achsrichtung unendlich ausgedehnten Kreiszylinder an. Er betrachtete die Strömungszustände, die entstehen, wenn die Potentialströmung (siehe Abb. 6) mit einer umlaufenden Zirkulationsströmung (siehe Abb. 7) überlagert wird. Je nach Intensität der zirkulatorischen Bewegung erhält man verschiedene Formen der Überlagerung. Eine mit mäßiger Zirkulation zeigt Abb. 8, eine mit stärkerer Abb. 9. Die zwischen zwei Stromlinien sekundlich fließende Flüssigkeit ist überall dieselbe, d. h. je enger die Stromlinien sind, desto schneller fließt die Flüssigkeit. Das Bernoullische Theorem (im Jahre 1738 von Daniel Bernoulli (1700-1782) aufgestellt) besagt nun für die idealen Flüssigkeiten, daß die Summe aus dem stationären Druck p und dem Staudruck $½ρv^2$ ($ρ$=Dichte, v=Geschwindigkeit der Flüssigkeit) auf einer Stromlinie konstant ist: $p + ½ρv^2 = const.$ Je größer also die Strömungsgeschwindigkeit v ist, desto geringer ist der stationäre Druck. Wenden wir dieses auf die Strömungen in Abb. 6, 8 und 9 an, so sehen wir, daß am Punkt A der Druck am größten ist, da hier die Flüssigkeit für einen Augenblick völlig zum Stillstand kommt. An der Stelle B, wo uns die zusammengedrängten Stromlinien das Maximum der Geschwindigkeit anzeigen, ist der Druck am kleinsten. Der Druck bei C ist wieder so groß wie bei A. In der symmetrischen Strömung in Abb. 6 ist der Druck bei B' gerade so groß wie bei B. Bei den unsymmetrischen Strömungen in Abb. 8 und 9 dagegen ist der Druck bei B wesentlich kleiner als bei B'. Die Gesamtwirkung der Drücke hat somit eine Kraft in Richtung B'B zur Folge, also eine zur Strömungsrichtung senkrechte Kraft, eben die Magnuskraft. Lord Rayleigh berechnete diese zu

---

15 Rayleigh 1877.

$$F = 2\pi\rho VUrl$$

V: Geschwindigkeit des Zylinders relativ zur ungestörten Flüssigkeit
U: zirkulatorische Umströmung
l: Länge eines Teilstückes des unendlich langen Zylinders
r: Zylinderradius
ρ: Flüssigkeitsdichte
(Zu beachten ist, daß die zirkulatorische Umströmung U nicht gleich der Umfangsgeschwindigkeit des Zylinders ist!)

Die Rechnung ist jedoch, wie Lord Rayleigh auch selber schon sagte, nur bei Abwesenheit der Flüssigkeitsreibung richtig, da zur Anwendung des Bernoullischen Theorems ideale Flüssigkeiten vorausgesetzt werden mußten. Da die Reibungskräfte in den schwach reibenden Flüssigkeiten, zu denen Wasser und Luft gehören, im Innern der Flüssigkeit jedoch sehr gering sind, lieferte die Theorie von Lord Rayleigh bereits eine angenähert richtige Lösung des Problems.

Was seine Theorie jedoch nicht zu klären vermochte, war die Entstehung der Zirkulation. Nach dem Satz von Thomson kann die zirkulatorische Bewegung bei Abwesenheit von Reibung nämlich nicht entstehen, oder falls sie einmal vorhanden ist, kann sie sich nicht verändern. Vom Standpunkt der idealen Flüssigkeiten ist es also recht hoffnungslos, die Entstehung der Strömung um den rotierenden

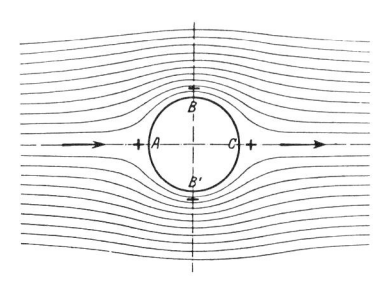

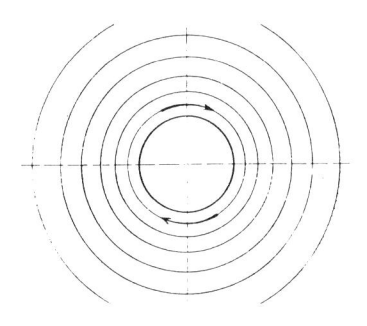

Abb. 6: Potentialströmung um einen Kreiszylinder.

Abb. 7: Zirkulatorische Umströmung eines Kreiszylinders.

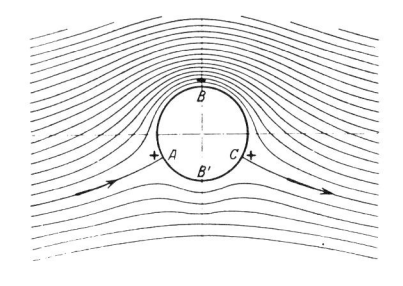

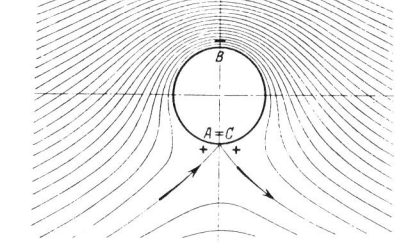

Abb. 8

Abb. 9

Abb. 8 und 9: Überlagerung der Strömungen aus Abb. 6 und 7.

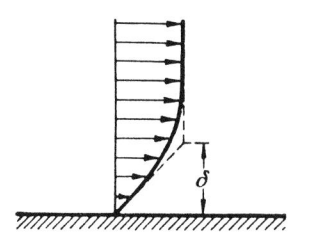

Abb. 10: Geschwindigkeitsverteilung in der Nähe der Oberfläche.

Körper zu erklären, da hierfür offensichtlich doch die Reibung verantwortlich gemacht werden muß.

Diesen letzten Punkt aufzuklären, blieb L. Prandtl als Leiter der damaligen Aerodynamischen Versuchsanstalt (AVA) in Göttingen (heute: Deutsche Forschungsanstalt für Luft- und Raumfahrt, DLR), mit seiner Grenzschichttheorie vorbehalten.[16] In unmittelbarer Nähe des Körpers darf die Reibung nämlich nicht vernachlässigt werden. Die an den Körper direkt angrenzende Schicht der Flüssigkeit haftet an der Oberfläche des Körpers, ist also relativ zu ihm in Ruhe. Es ergibt sich eine den Körper einhüllende Zone (die Grenzschicht), in der sich der Übergang von der Geschwindigkeit null an der Wand bis zur Geschwindigkeit der von der Reibung nicht beeinflußten, freien Strömung vollzieht (siehe Abb. 10). Ihre »Dicke« δ beträgt je nach Zähigkeit der Flüssigkeit laut Prandtl 1/50 bis 1/300 des Zylinderdurchmessers.

Was geschieht nun mit der Flüssigkeit in dieser Grenzschicht? Betrachten wir zunächst den nicht rotierenden Zylinder in der Potentialströmung (siehe Abb. 6). Einerseits unterliegen die Flüssigkeitsteilchen – wie die der freien Flüssigkeit – den beschleunigenden und verzögernden Druckunterschieden. Wie bereits gesagt, herrscht bei A und C hoher, bei B niedriger Druck. Die Teilchen der freien Strömung gewinnen auf dem Weg von A nach B also kinetische Energie und zehren diese von B nach C gerade wieder auf. Die Teilchen in der Grenzschicht jedoch verlieren aufgrund der Reibung einen Teil ihrer kinetischen Energie und kehren aufgrund des Druckgefälles, das von C nach B besteht, um. Es entsteht zwischen B und C ein sich mehr und mehr verdickendes »Knäuel gebremsten Materials«, das – bedingt durch die Reibung an der Körperoberfläche und durch die vorwärts treibende Kraft der freien Flüssigkeit – in Drehung versetzt wird. Hat sich schließlich genügend Material angestaut, so wird dieses durch die vorwärts gerichtete Strömung als Wirbel in die freie Flüssigkeit hinaus gestoßen. Die Abb. 11 bis 14 zeigen sehr eindrucksvoll die Entstehung der Wirbel.

Wie entsteht nun aber bei dem rotierenden Zylinder die Zirkulationsströmung? Bei genügend starker Rotation werden auf der mitlaufenden Seite die Flüssigkeitsteilchen nicht verzögert, stauen sich also nicht auf und es kann hier somit nicht zu einer Wirbelablösung kommen. Auf der gegenläufigen Seite dagegen bilden sich die Wirbel aus. Es kommt also zu einer einseitigen Wirbelablösung. Da Wirbel Zirkulation besitzen, die Gesamtzirkulation im System aber null ist, hinterläßt der abwandernde Wirbel die gleiche, aber entgegengesetzte Zirkulation um den Zylinder herum (siehe Abb. 15: innerhalb der geschlossenen Kurve abcda ist die Zirkulation null, innerhalb von bcdb ungleich null, somit ist sie auch innerhalb von abda ungleich null). Diese einseitige Wirbelablösung hält nun solange an, bis sich die zur Rotation des Zylinders entsprechende Zirkulation

---

16 Prandtl 1925.

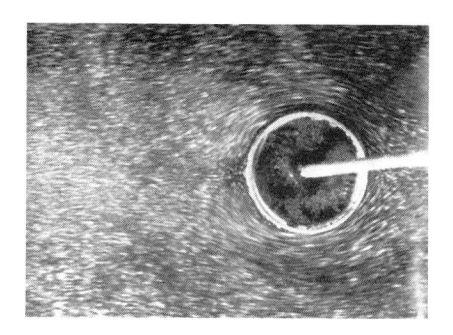

Abb. 11: Beginn der Bewegung: Potentialströmung

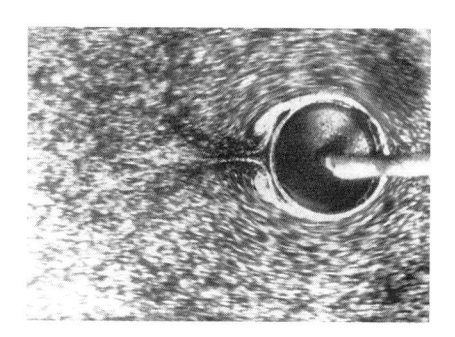

Abb. 12: Beginn der Ansammlung des Grenzschichtmaterials

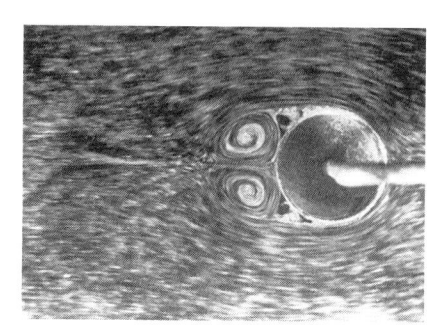

Abb. 13: Ausbildung der Wirbel aufgrund der Aufwicklung der Grenzschicht

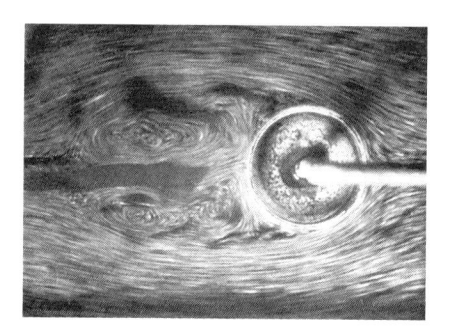

Abb. 14: Ablösung der Wirbel in die freie Flüssigkeit

Abb. 11-14: Strömungsaufnahmen an einem Zylinder nach Rubach.

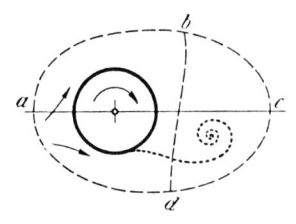

Abb. 15: Entstehung der Zirkulation. 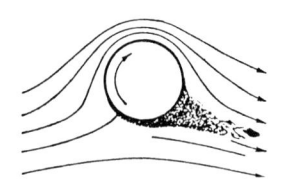 *Abb. 16: umlaufender Zylinder im Flüssigkeitsstrom.*

aufgebaut hat. Dann wandern wieder Wirbel beiderlei Drehsinns im gleichen Maße ab, jedoch weiterhin nur auf der einen Seite des Zylinders. Es stellt sich das Strömungsbild ein, wie es auf der Abb. 16 zu sehen ist.

Durch eine kleine Überlegung kann nun auch die theoretische maximale Magnuskraft angegeben werden. Die in Abb. 9 dargestellte Strömung umkreist den Zylinder im einheitlichen Sinn. Rotiert der Zylinder nun mit einer Umfangsgeschwindigkeit, die größer ist als die größte Strömungsgeschwindigkeit, so werden die Flüssigkeitsteilchen in der Grenzschicht nirgends abgebremst, sondern werden überall mit vorwärts gerissen. Somit kann es nirgends zur weiteren Wirbelablösung kommen. In diesem Falle wird also zum einen das Strömungsbild wie in Abb. 9 wirklich annähernd erreicht, wie auch ein Photo einer solchen Strömung zeigt (siehe Abb. 17), zum anderen nimmt der Quertrieb sein theoretisches Maximum an. Die Theorie ergibt für das Geschwindigkeitsmaximum der Strömung in Abb. 6 bei B und B' den Wert 2V. Die Umlaufgeschwindigkeit der Zirkularströmung in Abb. 7 muß somit auch 2V betragen, so daß bei B und B' in Abb. 9 die Geschwindigkeiten 4V bzw. 0 entstehen. Die Zylinderumfangsgeschwindigkeit muß dann auch 4V betragen, damit es nicht zur Abbremsung von Flüssigkeitsteilchen in der Grenzschicht kommt. Setzt man nun die Umfangsgeschwindigkeit der Zirkularströmung U = 2V (nicht mit der Zylinderumfangsgeschwindigkeit 4V zu verwechseln!) in die Gleichung von Lord Rayleigh ein, so erhält man nun für die theoretische maximale Magnus-Kraft

$$F = 4\pi \rho V^2 rl$$

Dieses ergibt eine maximale Auftriebszahl von $c_a = 4\pi = 12{,}57$, die bemerkenswerterweise ungefähr zehn mal so groß ist wie der gewöhnlicher Flugzeugtragflügel. Mit der Grenzschichttheorie von Prandtl konnte nun also auch die Entstehung der Zirkulation erklärt werden. Der Magnus-Effekt hatte somit seine vollständige Deutung gefunden.

Es ist noch zu erwähnen, daß L. Prandtl seine Untersuchungen nicht mit dem Ziel angestellt hatte, den Magnus-Effekt zu untersuchen. Auf die Strömungsablösung war er zum erstenmal 1900 gestoßen, als er während einer Ingenieurstätigkeit in einer Maschinenfabrik den Bau einer Anlage zur Absaugung von Holzspäne zu bearbeiten hatte. Er beobachtete, daß sich die Strömung von der Wand ablöste, anstatt an ihr entlang zu fließen, wofür er zunächst keine Erklärung fand. Auch bei seinen Strömungsversuchen zur Ablösung der Grenzschicht später in der AVA stellte er nur gelegentlich einmal einen Versuch mit einem einzelnen rotierenden Zylinder an, ohne daß derzeit jedoch viel Gewicht auf diese Sache gelegt worden war. Auch machte er erst 1918 die Angabe über die große Auftriebszahl beim rotierenden Zylinder. Dieser war eben nicht so wichtig wie andere Dinge auf dem Forschungsprogramm. Erst 1923, als in der AVA ein schnellaufender kleiner Elektromotor entwickelt worden war, gab dieses J. Ackeret (einem Mitarbeiter von Prandtl) den Anstoß, den rotierenden Zylinder zu untersuchen und die theoretisch vorhergesagten Werte zu überprüfen. Bei seinen Messungen kam er zunächst jedoch nicht auf die erwartete maximale Auftriebszahl von 12,57, sondern lediglich auf etwa $c_a = 4$. Prandtl schlug daraufhin vor, an den Zylinderenden Scheiben anzubringen, um ein seitliches Eindringen der Luft in das Unterdruckgebiet zu verhindern, welches die Zerstörung der Zirkulationsströmung auf einem großen Teil des Zylinders zur Folge hat. Nach dem Umbau wurden nun Auftriebszahlen von etwa 10 gemessen, womit die Theorie als bestätigt angesehen werden konnte, denn aufgrund von Reibungsverlusten war ein volles Erreichen der maximal möglichen Auftriebszahl gar nicht zu erwarten. Des weiteren konnte bestätigt werden, daß die Magnus-Kraft maximal war, wenn die Umlaufgeschwindigkeit des Zylinders ungefähr das Vierfache der Windgeschwindigkeit betrug.

Der Magnus-Effekt konnte nun als umfassend erforscht und endgültig erklärt gelten. Tatsächlich sollte er noch einen Höhepunkt seiner technischen Anwendung erleben. Zu diesem Zeitpunkt (1923) hörte nämlich Anton Flettner (1885-1961), der Erbauer von ferngelenkten Torpedos und Kampfwagen im Ersten Weltkrieg und der Erfinder des Flettner-Schiffsruders, von den Göttinger Ergebnissen am rotierenden Zylinder. Flettner war zu der Zeit damit beschäftigt, alternative Antriebsformen zum Schiffssegel zu entwickeln und plante, Metallsegel, die ähnlich wie Tragflächen von Flugzeugen gebaut werden sollten, an einem Schiff zu erproben. Er erkannte nun aber, daß große zylindrische Rotoren besser geeignet sein würden. Zum einen weisen sie wesentlich höhere Auftriebszahlen auf, zum anderen sind sie windunanfälliger als starre Tragflächen. (Der Windwiderstand der Rotoren ist im Sturm sogar geringer als der Widerstand der Takelage eines vergleichbaren Segelschiffes!) 1924 wurde ein Segelschiff, die »Buckau«, zum Flettner-Rotorschiff umgebaut und führte erfolgreiche Probefahrten durch (siehe Abb. 18).

Aufgrund des großen Aufsehens des Flettner-Rotorschiffes wurde die Aufmerksamkeit wieder auf den Magnus-Effekt und die Publikationen von Magnus gelenkt. Die Versuchsapparatur, die Magnus der Universität Berlin vermacht hatte, wurde wieder zusammengesucht; verlorengegangene Teile wurden nachgebaut. Die Originalapparatur wurde

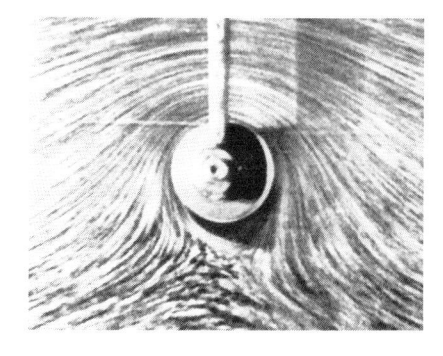

Abb. 17: Strömungsaufnahme am rotierenden Zylinder, Umlaufgeschwindigkeit = 4 x Anströmgeschwindigkeit.

Abb. 18: Rotorschiff »Buckau« auf Probefahrt.

1925 schließlich an das Deutsche Museum in München übergeben, wo sie heute noch ausgestellt ist. (Allerdings ist dort nur ein Teil der Apparatur vorhanden, wie sie auf dem Photo in Abb. 19 zu sehen ist. Der Verbleib der übrigen Geräte ist unklar. Sollten sie in der Universität Berlin geblieben sein, so sind sie aller Wahrscheinlichkeit nach vom Feuer zerstört worden. Kurz vor dem Ende des Zweiten Weltkrieges fiel die Universität Berlin einem Luftangriff zum Opfer und brannte fast vollständig ab.)

Der Magnus-Effekt war nun weithin bekannt, und die interessierte Öffentlichkeit staunte über das merkwürdige Schiff, das durch zwei umlaufende Walzen angetrieben wurde. 1926 wurde durch die Reichsmarine der Neubau eines Flettner-Rotorschiffs, der »Barbara«, in Auftrag gegeben und mit drei Rotoren ausgerüstet. Doch das System konnte sich aus rein wirtschaftlichen Gründen nicht durchsetzen. Erdöl stand reichlich und zu niedrigen Preisen zur Verfügung. Der Anreiz, eine Rotoranlage einzubauen, war zu gering, denn die eingesparten Kosten an Brennstoff wären so niedrig gewesen, daß sich die Amortisationszeit über einen zu langen Zeitraum erstreckt hätte. Erst als die beiden Ölkrisen in den siebziger Jahren die Kosten für Schiffsbrennstoff erheblich steigen ließen (1973 verdreifachte sich der Preis, bis 1979 verdoppelte er sich nochmals), wurde wieder nach Zusatzantrieben gesucht. Verschiedene Windantriebe wurden erforscht und erprobt, auch der Flettner-Rotor wurde wieder aus der Schublade gezogen. 1986

Abb. 19: Originalapparatur von Magnus.

sollte in Deutschland ein Chemikalientanker mit Rotoren ausgerüstet werden. Doch bevor es zu einem Einsatz kam, wurde das Preiskartell der Erdöl exportierenden Länder gebrochen und die Preise fielen auf den Stand vor der Krise zurück. Die Folge war, daß der Einbau eines zusätzlichen Antriebssystems für die Reeder wieder an Attraktivität verlor.

Die Geschichte des Magnus-Effektes begann also mit Untersuchungen infolge von militärischen Interessen und fand seinen Höhepunkt in seiner technischen Anwendung als energiesparender Schiffsantrieb. Daß sich dieser bislang nicht durchzusetzen vermochte, teilt er mit vielen anderen Entwicklungen, denen nur ökonomischer Zwang zum Durchbruch verhelfen kann.

Literaturverzeichnis:

Ackeret, J.: Das Rotorschiff und seine physikalischen Grundlagen. Göttingen 1925.
Betz, A.: Wirbel und im Zusammenhang damit stehende Begriffe der Hydrodynamik. Zeitschrift für Flugtechnik und Motorluftschiffahrt 13 (1921), S. 193-198.
Betz, A.: Der Magnus-Effekt, die Grundlage der Flettnerwalze. Zeitschrift des Vereins deutscher Ingenieure 69 (1925), S. 9 ff.
v. Bohnenberger, J. G. F.: Tübinger Blätter für Naturwissenschaften und Arzneikunde 3 (1817), H. 1.
Cranz, C.: Ballistik. In: Encyklopädie der mathematischen Wissenschaften IV, 18 (1903), S. 185 ff.
Euler, L.: Neue Grundsätze der Artillerie. Hg. von F. R. Scherrer. Leipzig, Berlin 1922.
Fuss, N.: Lobrede auf Herrn Leonhard Euler. Abgedruckt in: Leonhardi Euleri Opera omnia. Series I. Vol. 1. Basel 1786, S. 45-47. [Zitiert nach Euler 1922, S. VII.]
Große Forscher und Erfinder - Leben und Werk. Schätze im Deutschen Museum. Hg. v. Deutsches Museum München. 2. Aufl. Düsseldorf 1978.
Heim, Hr. v.: Beiträge zur Ballistik in besonderer Beziehung auf die Umdrehung der Artilleriegeschosse. Ulm 1848.
Magnus, G.: Über die Bewegung der Flüssigkeiten. Abhandlungen der Königlichen Akademie der Wissenschaften zu Berlin 1848, S. 135-164 (= Poggendorfs Annalen 80 [1850], S. 1-36).
Magnus, G.: Über die Abweichung der Geschosse. Abhandlungen der Königlichen Akademie der Wissenschaften zu Berlin 1852, S. 1-24 (= Poggendorffs Annalen 88 [1853], S. 1-28).
Müller, H.: Entwicklung der Feldartillerie. Berlin 1893.
Newtoni, Isaaci: Opera quae exstant omnia. London 1779/1785.
Poisson, S. D.: Recherches sur le mouvement des projectiles. Paris 1839.
Prandtl, L.: Magnuseffekt und Windkraftschiff. Die Naturwissenschaften 13 (1925), S. 93-108.
Pringsheim, P.: Gustav Magnus. Die Naturwissenschaften 13 (1925), S. 49-52.
Rayleigh, Lord: On the irregular flight of a tennis-ball. Messenger of Mathematics VII (1877), S. 14-16 (= Scientific Papers. Cambridge 1899, S. 344-346).
Robins, B.: New principles of gunnery. London 1742.
Rotta, J. C.: Die Aerodynamische Versuchsanstalt in Göttingen, ein Werk Ludwig Prandtls. Göttingen 1990.
Wagner, C. D.: Die Segelmaschine. Hamburg 1991.
Walker, G. T.: Spiel und Sport. In: Encyklopädie der mathematischen Wissenschaften IV, 9 (1900), S. 135 ff.

Das Geothermometer von Magnus und die innere Wärme der Erde – ein Beitrag zur Geschichte der Geothermie und zur Physikgeschichte Berlins

Peter Kühn

Die Geothermie ist eine selbständige Teildisziplin der Geowissenschaften, speziell der Geophysik; sie befaßt sich mit den Wärmeverhältnissen des festen Erdkörpers. Die Herausbildung der Geothermie als Wissenschaftsdisziplin erfolgte während der industriellen Revolution in der ersten Hälfte des 19. Jahrhunderts und zwar vor allem in Frankreich, Deutschland, England und Rußland; sie ist verbunden mit dem Wirken hervoragender (Geo-)Wissenschaftler wie:

> Arago, Aubuisson, Cordier, Delamétherie, Fourier, Poisson u. a. in Frankreich;
> Humboldt, Oeynhausen; Gerhard, Bischof, Magnus, P. und A. Erman, u. a. in Preußen;
> Trebra, Herder, Reich, Martins u. a. in Sachsen;
> Fox, Forbes u. a. in England;
> Kupffer, Parrot u. a. in Rußland.

Die Überlegungen waren besonders darauf gerichtet, »durch geothermische Beobachtungen«, d. h. durch Temperaturmessungen in Quellen, Flüssen, Meeren, Brunnen, Tunnels, Bergwerken, Bohrungen ..., ein allgemeines Gesetz über die Temperaturzunahme mit der Tiefe aufzufinden.

Grundlagen für Herausbildung der Geothermie bildeten:

1. die hypothetischen Vorstellungen zur Erklärung der Vulkane, Erdbeben etc. des 17. und 18. Jahrhunderts über ein »Zentralfeuer« bzw. über ein »heißes und flüssiges Erdinnere«, wie sie z. B. durch Bruno, Descartes, Leibniz, Kirchner, Buffon, Hutton, Kant, Laplace, Mairan u. a. dargelegt wurden;
2. die Erfahrungen der Bergleute in tiefen Gruben: die Temperatur des Gebirges steigt mit zunehmender Tiefe;
3. die Theorie der Fortpflanzung der Wärme nach Fourier sowie
4. die bereits erwähnten zahlreichen Temperaturmessungen, wobei natürlich solche in tiefen Bohrungen von besonderen Interesse sind.

Im Rahmen dieses Beitrages soll der Anteil von G. Magnus zur Entwicklung der Geothermie etwas näher untersucht werden.

Magnus entwickelte am Beginn seiner wissenschaftlichen Laufbahn in Berlin im Jahre 1830 für Temperaturbeobachtungen in einem Bohrloch zu Rüdersdorf ein spezielles Thermometer. Den Auftrag erteilte der preußische Ober-Berghauptmann J. C. L. Gerhard.

Gerhard und dessen Bergbeamte hatten bereits praktische Erfahrungen bei Temperaturbeobachtungen in 12 verschiedenen Bergamtsbezirken des preußischen Staates sammeln können.

Diese Messungen – auf Anregung Alexander von Humboldts – wurden 1828/29 durchgeführt, wobei die Thermometer einerseits in den tiefsten Bereichen der Bergwerke und andererseits in Oberflächennähe, d. h. in gerigen Tiefen fest installiert und in einem Abstand von 14 Tagen »beobachtet« wurden. Durch diese systematischen Messungen in zwei Tiefenniveaus sollte das »unterirdische Wetter«

bzw. die »unterirdische Meteorologie« – diese Begriffe prägte Alexander von Humboldt in seinem Buch: Ueber die unterirdischen Gasarten und die Mittel ihren Nachtheil zu vermindern. Ein Beitrag zur Physik der praktischen Bergbaukunde. Herausgegeben und mit einer Vorrede von Wilhelm von Humboldt, Braunschweig, (1799) – bestimmt werden.

Die Ergebnisse bezüglich der Temperaturzunahme mit der Tiefe zeigten ein unterschiedliches Verhalten: Die Temperatur nahm zwar überall mit der Tiefe zu, aber die berechneten Tiefenstufen, bei denen die Temperatur um 1 °R zunahm, lagen zwischen 18 m und 146 m. Als allgemeines Resultat ergab sich, daß die Zunahme der unterirdischen Wärme mit der Tiefe nicht überall demselben Gesetz folgt, daß sie in

> »einem Lande doppelt und sogar dreimal so groß wie in einem anderen seyn könne, daß die Unterschiede in keinem Verhältnis zur geographischen Breite und Länge stehen, daß endlich die Zunahme gewiß schneller ist, als man geglaubt hat«.[1]

Die Bohrung Rüdersdorf, die zur Klärung der geologischen Situation im Kernbereich der geologischen Struktur 1827-33 abgeteuft wurde und die damals mit 300 m als sehr tiefes Bohrloch galt, sollte nun durch Temperaturbeobachtungen die Frage der Temperaturzunahme mit der Tiefe weiter klären helfen. Für die Bohrarbeiten, die ausschließlich per Hand erfolgten, war ein 10 m tiefer Schacht abgeteuft worden, auf dessen Sohle die Bohrung ansetzte. An dieser Schachtsohle floß das Wasser artesisch aus der Bohrung mit konstanter Temperatur aus, um sich im zerklüfteten Gebirge zu verlieren. In diesem Schacht fanden nun die eigentlichen Temperaturmessungen statt. Zuerst 1831 durch Vater (Paul) und Sohn (Adolf) Erman, dann durch Magnus 1831 und mit der weiteren Vertiefung der Bohrung durch Bergmeister Schmidt 1831-33 aus Rüdersdorf und zwar mit dem Magnusschen Geothermometer oder Erdthermometer.

Die Berliner Physiker hatten praktisch die »Meßtechnik« für diese Temperaturmessungen in der wassergefüllten Bohrung geschaffen und erprobt, während ein Verantwortlicher des Bergamts Rüdersdorf die Routinemessungen durchführte.

Wie sah nun das Geothermometer aus? Wir können hier auf eine spezielle Abhandlung von Magnus aus dem Jahre 1831 verweisen, wo es eine genaue Beschreibung und auch eine Abbildung dieses Gerätes gibt. Bei dem extra für die Temperaturmessungen in der Rüdersdorfer Tiefbohrung angefertigtem Instrument handelte es sich um ein offenes Quecksilber-Überlauf-Thermometer. Wurde das Gerät steigenden Temperaturen ausgesetzt, floß Quecksilber aus, welches in der Schutzhülle des Instruments (Länge 25 cm; Ø 4 cm) aufgefangen wurde zur Wiederverwendung. Die Temperatur an der Meßstelle in der Bohrung wurde nun so ermittelt, indem man das aus dem Bohrloch herausgezogene Thermometer mit einem Normalthermometer im Wasserbad so lange erwärmte, bis gerade wieder ein Quecksilbertröpfchen zum Ausfließen kam. Das Normalthermometer zeigt damit die gesuchte Temperatur an der Meßstelle in der Bohrung an. Das Thermometer im Bohloch wirkt als Maximumthermometer. Vor der Messung war es notwendig, das für das Borloch vorgesehene Meßinstrument im Wasserbad

---

1 Zitiert nach: Bischof, 1837.

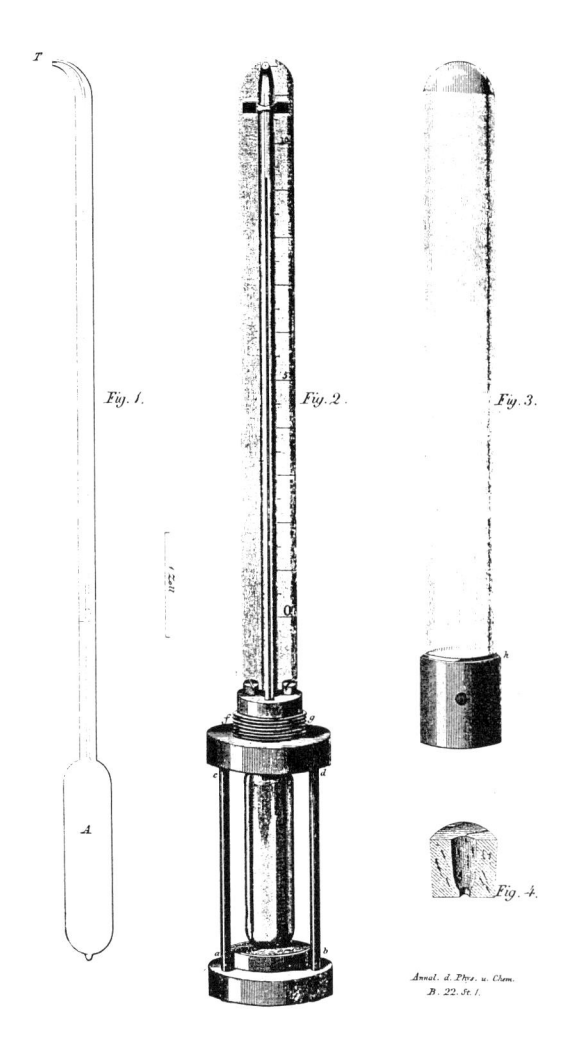

Erdthermometer bzw. Geothermometer nach G. Magnus. Erste »Bohrlochmeßapparatur« der Welt – erprobt bei den Temperaturbeobachtungen zu Rüdersdorf 1831-1833; später eingesetzt bei weiteren Tiefbohrungen des preußischen Staates, u. a. in der ersten über 1.000 m tiefen Bohrung Sperenberg bei Berlin zur Ermittlung der geothermischen Tiefenstufe.

Temperaturbeobachtungen in dem Bohrloche zu Rüdersdorf

Tiefe von der Erdoberfl. od. d. Hängebank des Bohrschachtes.	Professor Erman. 1831.	Doctor Magnus. 3. Juli. 1831.	Bergmeister Schmidt.									
			23. Oct. 1831.	20. Nov. 1831.	4. Dec. 1831.	31. Dec. 1831.	29. Jan. 1832.	5. Mai 1832.	29. Juli. 1832.	7. Aug. 1832.	3. Jan. 1833*)	6. Jan. 1833
Fuß.				Grade Réaumur.								
80†)	10,3	10,3	10,4	10,5	10,4	10,2	10,2		10,3	10,4	10,2	10,1
100				10,7						10,6		10,2
130				10,8								
180				10,8	10,7							
190					10,7							
200	10,75		10,6		10,8					10,7		10,4
205					11,1							
210					11,2							
215					11,8							
220					11,9			11,9		11,4		11,5
222½					12,8							
225					13,4			12				
230				13,5	13,5		13,4	13,4		11,7		11,7
235										12,7		
240										13,4		11,8
250												12,8
280				14								
300			13,8							13,7		13,0
330				14,1			14,0					
350	13,98											
380		13,7		14,4								
400			14,2							14,2		13,8
430				14,5			14,4					
460												14,0
480				15,0								14,2
495	14,5											
500			14,2	14,4					14,6	14,4		14,2
530				15,7								
580				16,0								
600			15,3							15,1		14,8
625	15,49											
630				16,2								
655		15,9										
680				16,6								
700			16,6							16,3		15,9
730					17,1							
736				17,2								
745					17,2							
775						17,4						
790						17,7						
800							17,9	17,9		17,6		17
817								17,9				
830											18,0	
870												18,15
880††)											18,8	

Tabelle der Original-T-Meßwerte im Bohrloch zu Rüdersdorf. Meßergebnisse von Erman, Magnus und Bergmeister Schmidt. (Aus Gerhard, 1833).

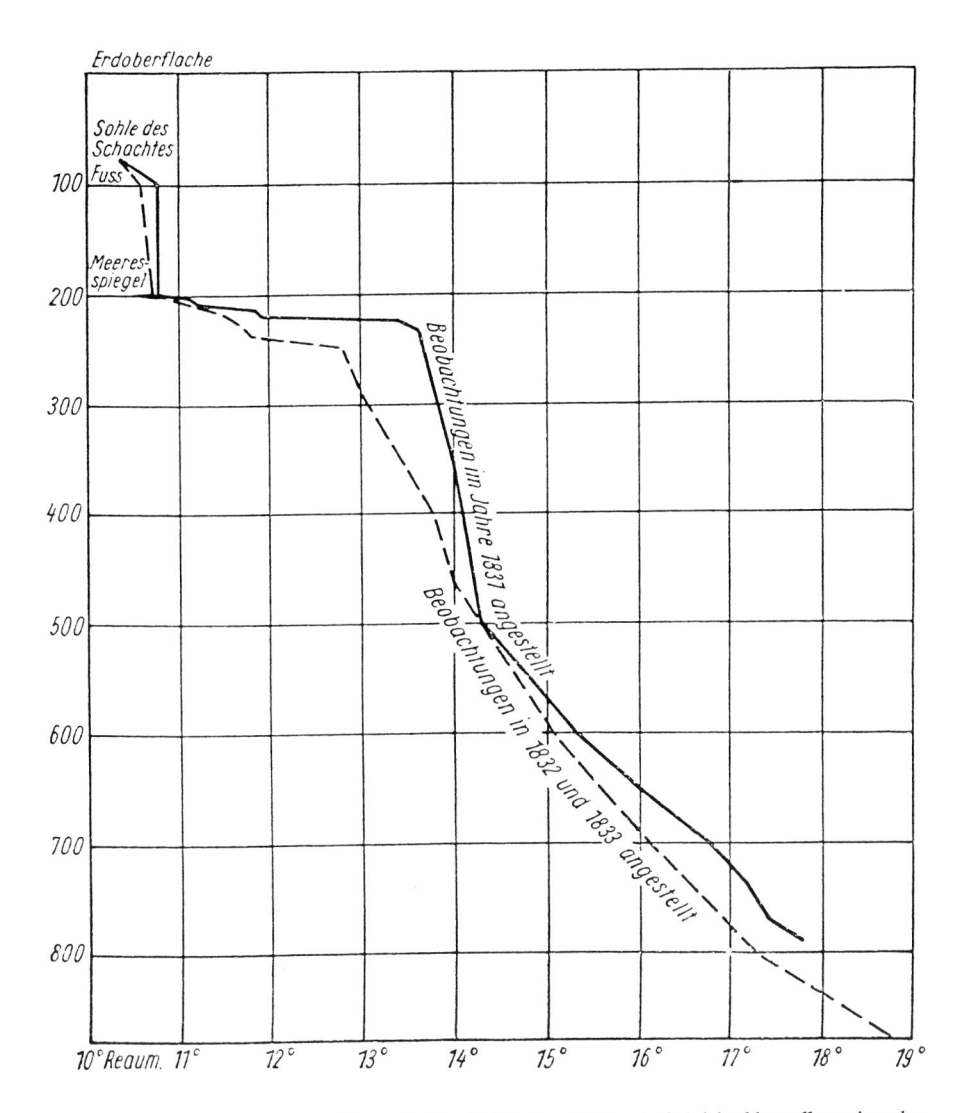

Der treppenförmige Temperaturtiefenverlauf im Bohrloch zu Rüdersdorf. Originaldarstellung einer der ersten »Bohrlochmeßkurven« überhaupt; erste Darstellung einer Temperatur-Tiefenkurve T(z) in der Geothermie-Literatur (nach der Originalveröffentlichung von Gerhard, 1833)

abzukühlen und mit Quecksilber aufzufüllen. Im Wasserbad (d. h. praktisch im Wassereimer) gelangte das Thermometer auf die Sohle des 10 m tiefen Bohrschachtes und hier wurde es mit einem Seil (mit Tiefenmarken) ins Bohrloch auf Meßtiefe hinabgelassen. Die Angleichzeit betrug ca. 1 Stunde.

Eine zeitgenössische Beschreibung und Wertung des durch Magnus vorgeschlagenen Maximumthermometers vermittelt die als Faksimile wiedergegebene Darstellung des »Magnusschen Erdthermometers« in Gehler's Physikalisches Wörterbuch (Leipzig 1839).

Die Temperaturmessung war somit eine mühselige Angelegenheit; sie erfolgte Meßpunkt für Meßpunkt in der jeweils gewünschten Tiefe. Das Thermometer war nicht druckgeschützt, die erreichbare Genauigkeit für die zu ermittelnde Gebirgstemperatur betrug ca. ±1 K. Magnus behandelt ausführlich die möglichen Fehlerquellen bei diesen speziellen Messungen. Er nannte das von ihm entwickelte Meßgerät »Erdthermometer (Geothermometer)« und unter dem Namen Geothermometer nach Magnus ist es in die Geothermie-Literatur eigegagen.

Einiges zu den Rüdersdorfer Ergebnissen: P. und A. Erman (1832) hatten im Jahre 1831 5 Temperaturwerte bis 625 Fuß Tiefe gemessen, Dr. Magnus konnte am 3. Juli 1831 4 Werte bis 655 Fuß Tiefe und Bergmeister Schmidt zwischen Oktober 1831 und 1833 mit anwachsender Bohrlochtiefe (in 10 Meßserien mit dem Gerät von Magnus) 82 Werte bis zur jeweils möglichen Endteufe der Bohrung, maximal bis in 880 Fuß Teufe, messen.

Magnus bestimmte die Temperatur des aus der Bohrung ausfließenden Wassers im Bohrschacht (wie auch die Ermans und Schmidt) zu 10,3 °R, in 655 Fuß Tiefe beobachtete er 15,9 °R. Unter Verwendung der mittleren Lufttemperatur für Berlin (6,8 °R) schätzte Alexander von Humboldt die Bodentemperatur auf 7,8 °R; dieser Wert wurde für das benachbarte Rüdersdorf von Magnus übernommen. Er bestimmte folgenden mittleren Temperaturgradienten für Rüdersdorf:

$$\frac{15,9\,°R - 7,6\,°R}{655\,Fuß} = \frac{8,3\,°R}{655\,Fuß} \cong \frac{1,25\,°R}{100\,Fuß}$$

Da andere Forscher zu ähnlichen Resultaten kamen (Magnus nennt hier speziell Cordier und Kupffer), wird die Temperaturzunahme mit der Tiefe als normal angesehen. Die erste Meßserie von Bergmeister Schmidt vom 23. Oktober 1831 bestätigte im wesentlichen die Beobachtungen der Ermans und von Magnus. Die nächste Serie, die bis dahin noch nicht vermessene Bereiche des Bohrlochs erfaßte, zeigte dann erstmals deutlich eine Abweichung oder Anomalie im Temperatur-Tiefenverlauf, die in den folgenden Meßserien im Detail, d. h. mit geringem Meßpunktabstand, vermessen wurde. Ergebnis ist schließlich eine treppenförmige Temperatur-Tiefenkurve, die in ihrem unteren Teil noch einen deutlichen Knick hin zu einem schnelleren Temperaturanstieg mit der Tiefe aufwies als im oberen Teil der Bohrung. Als maximale Temperatur wurden in 880 Fuß Teufe 18,8 °R gemessen.

Der Oberberghauptmann Gerhard, der seinem hohen Rang gemäß die Zusammenstellung sicherlich nicht persönlich ausgeführt hat, sondern wahrscheinlich durch seinen Bergmeister Schmidt durchführen ließ, stellt nun (1833) alle Temperaturbeobachtungen aus der Bohrung Rüdersdorf übersichtlich in einer

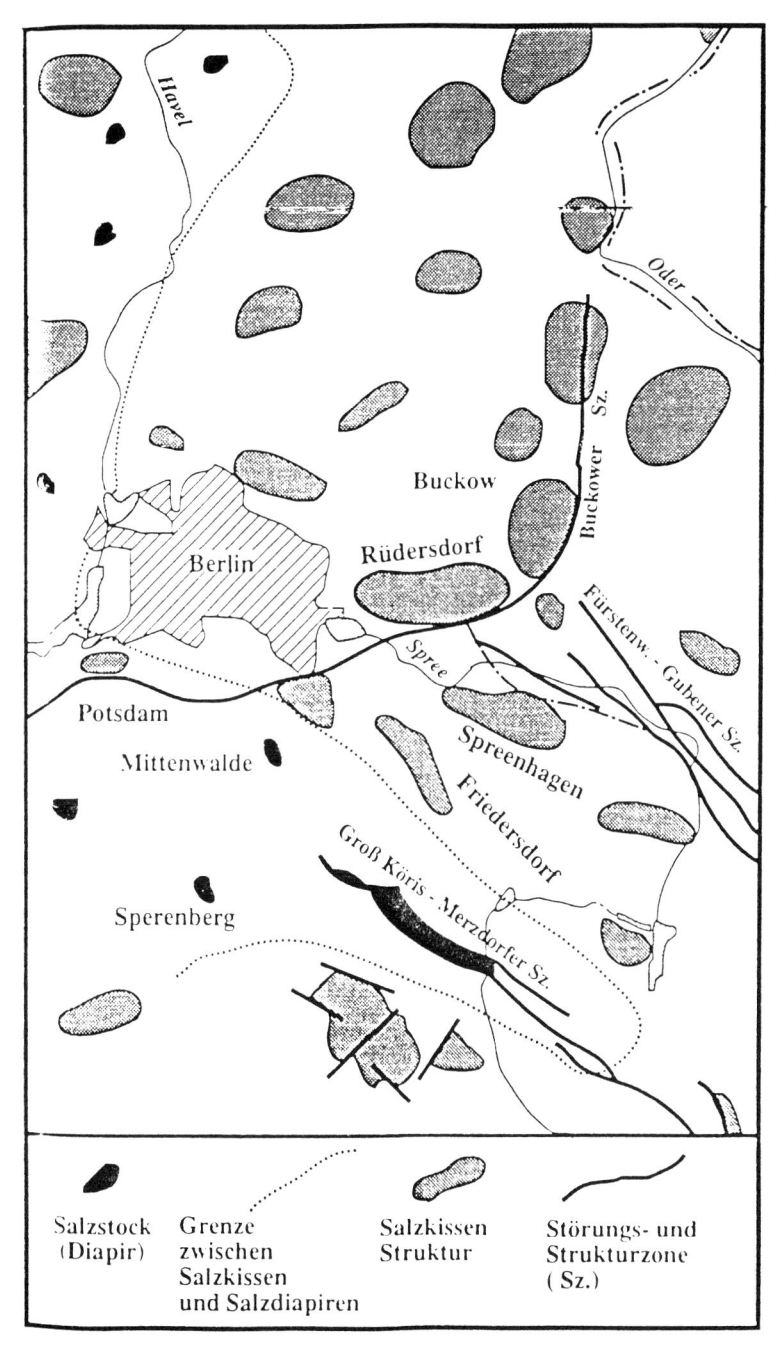

Salzkissen und Salzstöcke in der Umgebung der Struktur Rüdersdorf (aus: Exkursionsführer Rüdersdorf, 1993)

Tabelle zusammen und veröffentlicht zugleich die erste Darstellung einer Temperatur-Tiefenkurve T(z), wobei der treppenförmige Verlauf besonders deutlich zum Ausdruck kommt. Gerhard diskutiert die Unregelmäßigkeiten der Temperaturzunahme mit der Tiefe und macht dafür verschiedene Wasserzuflüsse in das Bohrloch verantwortlich.

Eine neue Interpretation der 1831-33 gemessenen T(z)-Werte (Kühn, 1985) zeigt, daß im unverrohrten Teil der Bohrung plausible Gebirgstemperaturen gemessen worden sind:

für 200 m Tiefe = 20 °C
für 300 m Tiefe = 23 °C   } (jeweils ±1 K geschätzter Fehler)

Bei einer für Rüdersdorf wahrscheinlichen Oberflächentemperatur von ca. 8 °C errechnet sich für diesen Tiefenbereich der geothermische Gradient zu 0,0553 K/m. Das ist ein für den Top-Bereich von Salzstrukturen durchaus normal hoher Wert, der auf Gebirgstemperaturen von etwa 35 °C in 500 m Tiefe hinweist.

Der obere Teil der verrohrten Bohrung wurde durch zusitzende leicht erwärmte Wässer (mit einer Temperatur etwas über 20 °C) bei deren langsamen Aufstieg erwärmt (konduktive Aufheizung). Daraus resultiert der gegenüber den natürlichen Verhältnissen veränderte geringe Temperaturgradient von 0,0125 K/m; im Tiefenbereich zwischen 60...70 m unter Gelände kühlt vermutlich eine kräftige kalte Querströmung das im Rohrstrang langsam aufsteigende erwärmte Wasser um 3...3,5 K ab. Oberhalb dieser Zone tritt wieder der bereits genannte geringe Gradientwert (0,0125 K/m) auf. Der treppenförmige Temperatur-Tiefenverlauf ist damit durch die hydrodynamischen Verhältnisse in der Bohrung zu erklären.

Bis 1830 gab es noch kaum Temperaturmessungen in Bohrungen. Die Untersuchungen in Rüdersdorf stellen damit eine Pionierleistung aller beteiligten Berliner Wissenschaftler und Praktiker dar. Es ist zu vermuten, daß diese Messungen in Rüdersdorf auf eine Anregung von Alexander von Humboldt zurückgeführt werden können, doch fehlt bisher noch ein eindeutiger Nachweis.[2]

Humboldt, der ja auch die »isothermen Linien« in die Wissenschaft eingeführt hat (1816/17) beschäftigte sich sehr umfassend mit den Temperaturverhältnissen im Inneren der Erde: einmal durch eigene Messungen (Freiberg 1791/92 zusammen mit C. Freiesleben; Arzberg, Fichtelgebirge, Mont Blanc-Stollen, Servoz, Berchtolsgaden, Aarau, Custoza, Ischl, Halstadt, Ausser, Naila ... Steben bis 1798; Mexiko und Peru während der Mittelamerikareise; Rußland und Sibirien 1829), andererseits durch Auswertung der zu diesem Gegenstand veröffentlichten Literatur (Fourier, Cordier, Arago, Poisson, Hopkins, Hennessy, Walferdin, Oeynhausen, Bischof, Middendorf, Baer, Mandelsloh, Reich ...), durch seine Komos-Vorträge (1827/28) in Paris und Berlin und nicht zuletzt durch die direkte Förderung solcher Untersuchungen besonders in Preußen und Sachsen.

Das in Rüdersdorf erstmals eingesetzte »Geothermometer nach Magnus« wurde mehrfach bei späteren Messungen verwendet. Zu nennen sind in diesem Zusammenhang die Untersuchung der Temperatur in den seit 1831 niedergebrachten tiefen Bohrlöchern in der Nähe der Königlichen Salinen der Provinz Sachsen (Artern, Staßfurt, Dürrenberg und Schönebeck) durch den späteren

---

2 Vgl. Kühn, 1984.

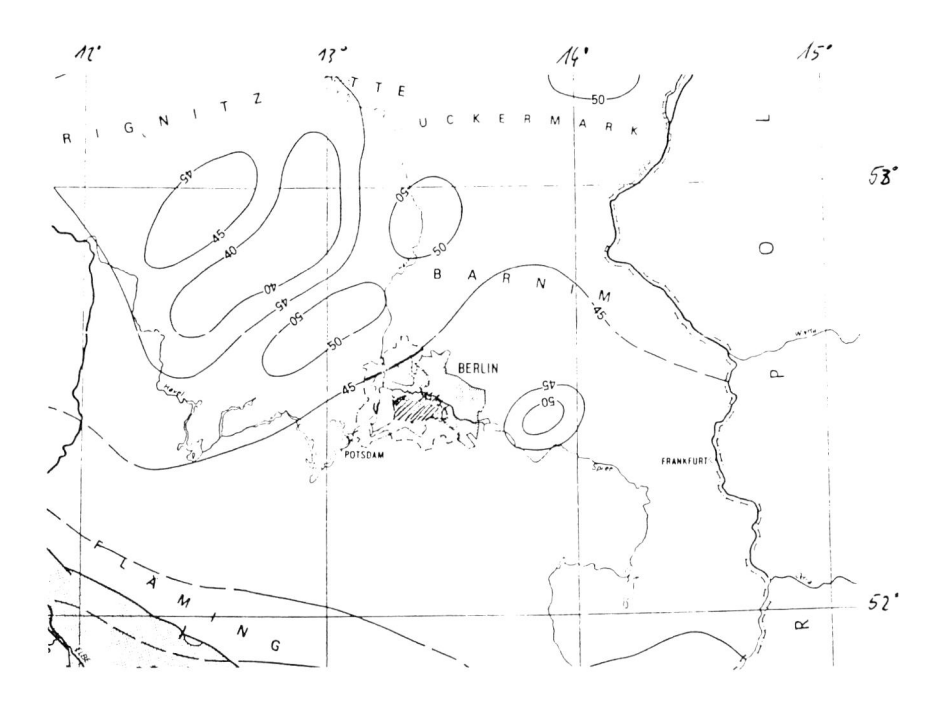

Regionale Temperaturverteilung im Untergrund des Berliner Raumes: 1.000 m unter Gelände (aus: Geothermie-Atlas, 1984)

halleschen Oberberghauptmann Martins in den Jahren 1831-1844, sowie die Temperaturmessungen durch Dunker im Bohrloch I zu Sperenberg (1869-71), im Bohrloch zu Sudenburg bei Magdeburg (1872) und im Bohrloch zu Schladebach bei Dürrenberg (1884).[3] Durch Mandelsloh wurde 1839 mit einem Magnusschen Geotermometer auch die berühmte geothermische Anomalie von Urach (Bohrung Neuffen) entdeckt; auch in der Bohrung Neusalzwerk wird durch Oeynhausen (1843) mit einem Magnus-Thermometer gemessen; die Messwerte dieser Tiefbohrung teilt Humboldt voller Stolz seinem Freund Arago in Paris mit.

1837 kommt ein durch Magnus nach Paris an Dulong übersandtes Ausflußthermometer sogar zu internationaler Anerkennung: es bewährt sich bei Vergleichsmessungen in der Bohrung Grenelle/Paris, die gemeinsam durch Arago, Dulong und Walferdin durchgeführt werden. Die Bohrung Grenelle war die erste Geothermie-Bohrung im Pariser Becken, welches heute im industriellen Maßstab für die Wärmeenergieversorgung genutzt wird.

Das Magnussche Geothermometer hat, wie gezeigt werden konnte, ein breite Anwendung in der Praxis der Geothermie gefunden. Es ist vielleicht sogar das erste physikalische Meßgerät, das speziell für Messungen im Bohrloch vorbereitet wurde – ein zeitlich relativ weit zurückliegender Vorlauf der modernen Bohrlochmessungen.

Die Messungen im Bohrloch zu Rüdersdorf erfolgten im Buntsandstein-Aquifer, gekennzeichnet u. a. durch Thermalwasserzuflüsse; damals in das Bohrloch und heute aus dem Liegenden des Kalktagebaues in das Entwässerungssystem unterhalb des Tagebaues. Der Buntsandstein-Aquifer ist übrigens ein für den Berliner Raum perspektiver Förderhorizont für geothermische Nutzungen im MW-Bereich! Ganz Rüdersdorf könnte allein aus dem Wärmeinhalt der Wasserhaltung des Tagebaues mittels Großwärmepumpen versorgt werden! Berliner Geothermieobjekte sind nur noch eine Frage der Zeit!

Mit dem Magnusschen Geothermometer wurden im 19. Jahrhundert fast alle wichtigen geothermischen Messungen in Deutschland durchgeführt. Erwähnt sei noch als Beispiel, daß der auf die bereits genannten Messungen in Sperenberg zurückgehende bis heute gültige Mittelwert der geothermischen Tiefenstufe für den gesamten Erdkörper (33 m/K) mit einem solchen Instrument gemessen wurde.

Die vorgestellten Fakten unterstreichen, daß der Berliner Physiker Magnus mit seinem Geothermometer einen wesentlichen Beitrag für die Geothermie geleistet hat; seine eigenen Messungen im Bohrloch zu Rüdersdorf stehen mit ganz am Anfang dieses Wissenschaftszweiges.

Die Herausbildung der Geothermie als integraler Bestandteil der Geophysik bzw. der Geowissenschaften erfolgte im wesentlichen in der ersten Hälfte des 19. Jahrhunderts, in einer Zeit des Umbruchs in den Geowissenschaften, in der Zeit der industriellen Revolution. Die Fortschritte der Physik, z. B. die Entwicklung genauer Thermometer und die Entwicklung der Bergbau- und Bohrtechnik kamen dabei auch der Wärmelehre des Erdkörpers zugute. Die Geothermie erhielt zu dieser Zeit ein solides wissenschaftliches Fundament.

---

3 Vgl. Kühn und Wegner, 1984.

Literatur

Bischof, G.: Die Wärmelehre des Innern unseres Erdkörpers. Ein Inbegriff aller mit der Wärme in Beziehung stehender Erscheinungen in und auf der Erde. Nach phys., chem. u. geol. Untersuchungen. Leipzig (1837), 512 S.

Eck, H.: Karten und Profile zur geologischen Beschreibung von Rüdersdorf und Umgegend. Berlin (1872); Geognostische Karte der Umgegend von Rüdersdorf, M: 1:12.500; Erstes und zweites Profil durch die Triasformation bei Rüdersdorf durch das westliche und östliche Bruchfeld gelegt nach (...) der geognostischen Karte.

Erman, P.; Erman, A.: Über die mit der Tiefe wachsende Temperatur der Erdschichten, nach Beobachtungen in dem Bohrloche zu Rüdersdorf. In: Abh. Königl. Akad. Wiss. 1831, Berlin (1832), S. 269-284.

Gerhard, J. C. L.: Fernere Resultate der im Bohrloch zu Rüdersdorf angestellten Temperatur-Beobachtungen. In: Poggendorffs Ann. Phys. Chem., Berlin CIV(XXXII N. F.), (1833), S. 233-235.

Katzung, G.; Diener, I.; Kühn, P. u. a. : Geothermie - Atlas der Deutschen Demokratischen Republik. Zentrales Geologisches Institut, Berlin (1984).

Köhler, E.: Rüdersdorf. Die Kalkhauptstadt am Rande Berlins. Berlin (1994), 191 S.

Kühn, P.: Bedeutung der Temperaturbeobachtungen von 1831-1833 im Bohrloch zu Rüdersdorf. In: Z. angew. Geol., Berlin, 31(1985)9, S. 236-237.

Kühn, P.: Alexander von Humboldt als Förderer geothermischer Untersuchungen. In: Urania-Referentenmaterial, Sektion Geowissenschaften, Berlin (1984), H. 9, S. 20-36.

Kühn, P.; Wegner, L.: Die Parabel von Sperenberg - Neuinterpretation der Temperaturmessungen in der Bohrung Sperenberg (1871) und Wärmeflußbestimmung. In: Z. angew. Geol., Berlin, 30(1984)2, S. 84-87.

Kühn, P.; Toleikis, R.: Frühe geothermische Untersuchungen. Beitrag zur: Geschichte des Bergbaues und der geologischen Erforschung von F. Wendland. In: Führer zur Geologie von Berlin und Brandenburg, No. 1: Die Struktur Rüdersdorf, 2. erweiterte Auflage, Berlin (1993), S. 145-147.

Magnus, G.: Beschreibung eines Maximumthermometers und einiger damit angestellter Versuche in einem Bohrloch zu Rüdersdorf. In: Poggendorffs Ann. Phys. Chem., Berlin, 22(1831), S. 136-153.

Schroeder, J. H. (Hg.): Führer zur Geologie von Berlin und Brandenburg; No. 1: Die Struktur Rüdersdorf, 2. erweiterte Auflage; Geowissenschaftler in Berlin und Brandenburg e. V., Berlin 1993, 164 S.

Johann Samuel Traugott Gehler's Physikalisches Wörterbuch

neu bearbeitet

von

Gmelin. Littrow. Muncke. Pfaff.

Neunter Band.
Zweite Abtheilung.
Thermom. —— U.

Mit Kupfertafeln XI bis XXXIV.

Leipzig,
bei E. B. Schwickert.
1839.

Anhang

Johann Samuel Traugott Gehler's
Physikalisches Wörterbuch
neu bearbeitet
von
Gmelin. Littrow Muncke. Pfaff.
Neunter Band.
Zweite Abtheilung.
Thermom. - U.
mit Kupfertafeln XI bis XXXIV.
Leipzig,
bei E. B. Schwickert.
1839.

Kapitel:	**Thermometer.**	
	Thermoskop, Wärmemesser; *Thermoscopium, Thermometrum;*	
	Thermomètre; *Thermometer.*	S. 825-1019
Unterkapitel:	**G. Eigenthümliche Arten von Thermometern**	S. 961-1019
Abschnitt	60) c. Selbstregistrirende Thermometer	S. 966-987
Abschnitt	69) **das durch Magnus vorgeschlagene Maximumthermometer, welches er** *Erdthermometer, Geothermometer* **genannt hat.**	S. 980-984

(Text im Wortlaut)

69) Zu den selbstregistrirenden Thermometern gehört auch das durch Magnus[1] vorgeschlagene Maximumthermometer, welches er *Erdthermometer, Geothermometer* genannt hat, weil es zunächst bestimmt war, die mit der Tiefe zunehmende Wärme der Erde zu messen, und dessen Zweckmäßigkeit bereits bei mehreren Messungen in Bohrlöchern erprobt wurde (Fig. 113). Dasselbe besteht aus einem gewöhnlichen Thermometer mit einer etwas weiten Röhre und daher einem Cylinder von angemessener Größe. Weil mit diesem Thermometer nur wenige Grade gemessen werden, wählt man ein solches Verhältnis des Inhalts und des Cylinders, daß 1° R. ungefähr 0,5 Zoll lang wird. Man soll dann den Eispunct bei diesem Thermometer bestimmen und diesen auf der Röhre mit einem Diamantstriche bezeichnen, damit dasselbe auf seiner Scale stets die richtige Lage wieder erhalte; da aber aus der Natur der Sache folgt, wie auch der Erfinder selbst nicht unbemerkt läßt, daß die Messungen mit diesem Apparate von der darin enthaltenen Quecksilbermenge ganz unabhängig sind und nach jeder wirklichen Messung sich eine verschiedene Menge Quecksilber darin befindet, so scheint es angemessener, die Scale in willkürliche feine Theile zu theilen, die sich dann ohne Weiteres auf jede andere Scale des Normalthermometers reduciren lassen, womit dieses Geothermometer jederzeit beim Gebrauche verglichen werden muß. Die Hauptsache beruht darauf, das obere Ende T der Röhre in eine höchst feine Spitze auszuziehn und so zu biegen, daß die Axe dieser Spitze eine horizontale Lage erhält, damit jedes herausdringende Tröpfchen Quecksilber sogleich herabfällt, und sollte auch ein kleines Kügelchen durch Adhäsion hängen bleiben, so ist dessen Inhalt bei der Feinheit der Spitze und der Weite der Röhre so unbedeutend, daß sein Volumen auf die Messung keinen merklichen Einfluß hat. Nach dem Gebrauche oder vor einer folgenden Anwendung muß die Röhre wieder gefüllt werden. Anfangs geschah dieses, indem man das Thermometer erwärmte, bis das Quecksilber aus der Spitze zu dringen anfing, dann diese in reines Quecksilber tauchte und den Apparat erkalten ließ. Später hat Magnus[2] eine verbesserte Vorrichtung angebracht, nämlich die obere feine Spitze mit

---

1 Poggendorff's Ann. XXII. 138.
2 Poggendorff Ann. XL. 139.

einer Kugel versehn, worin sich etwas Quecksilber befindet, in welches die Spitze eintaucht, wenn man das Thermometer horizontal hält. Das Füllen geschieht auf diese Weise leichter, inzwischen darf diese Kugel, wie anfangs beabsichtigt wurde, nicht gänzlich verschlossen seyn, weil sonst der Druck des Wassers zu sehr auf das Thermometer wirkt, es führt vielmehr in die Kugel ein sehr feines Haarröhrchen, durch welches die Luft eindringt, ohne daß das Wasser dasselbe erreicht, auch fließt kein Quecksilber durch dasselbe ab.

Der Cylinder des Thermometers ruht zwischen zwei Messingscheiben, die durch die beiden Streben ac und bd im gehörigen Abstande von einander gehalten werden (Fig. 114), unten auf einer Korkscheibe, oben stützt es sich gegen ein Stück Kork, durch welches das Röhrchen gesteckt ist. Auf der oberen Mewssingscheibe ist ein messinger Cylinder fg mit einer männlichen Schraube festgeschraubt, welcher zugleich zur Befestigung der Scale dient, auf welcher das Thermometer festliegt. Ueber beides wird ein paßlicher gläserner Cylinder (Fig. 115), unten mit einer messingnen Fassung versehen, festgeschraubt, in dessen unterem Ende sich ein aus der Zeichnung ersichliches Löchelchen befindet, in welches beim Herablassen in tieferes Wasser dieses eindringt und die in dem Cylinder enthaltene Luft comprimirt, um den Druck dieser Luft gegen das im Thermometer enthaltene Quecksilber dem Drucke des Wassers gegen die äußeren Wandungen des Cylinders gleich zu machen.

Der Gebrauch des Instruments ist leicht zu übersehn. Steht das Quecksilber im Röhrchen so hoch, daß auf jeden Fall bei der höchsten zu messenden Temperatur noch irgend ein Theil aus der Spitze desselben ausläuft, so wird es in verticaler Lage in die Tiefe hinabgesenkt und an der zur Messung bestimmten Stelle so lange, etwa 15 Minuten, ruhig gehalten, bis es die dortige Temperatur angenommen hat. Hierbei wird soviel Quecksilber aus der Spitze des Röhrchens dringen, als die höhere Temperatur heraustreibt; beim Heraufziehn und Erkalten desselben zieht sich das Quecksilber wieder zusammen, und sein Stand, mit dem des Normalthermometers verglichen, was am besten durch Eintauchen beider in ein Gefäß mit Wasser geschieht, giebt die bestehende Temperatur. Werden dann beide Thermometer langsam gleichmäßig erwärmt, bis das Quecksilber aus der feinen Spitze des Geothermometers zu dringen beginnt, mindetens bis es das äußerste Ende derselben wirklich erreicht, so zeigt in diesem Momente das Normalthermometer genau diejenige Temperatur, welcher das Geothermometer an der untersuchten Stelle im Maximum ausgesetzt war, oder man findet die Temperatur in der gemessenen Tiefe, vorausgesetzt, daß das Thermometer beim Herablasssen bis an diese Stelle oder beim Heraufziehn durch keinen Raum passirte, wo eine größere Wärme herrschte.

Wird das Instrument bis zu bedeutenden Tiefen im Wasser der Bohrlöcher herabgelassen, so drückt letzteres gegen die äußeren Wandungen des Thermometers und durch Compression der Luft in der umgebenden Röhre gleich stark gegen das Quecksilber im Thermometer, so daß der richtige Gang desselben dadurch nicht gestört wird; allein wegen verhältnismäßig großer Zusammendrückbarkeit des Quecksilbers wird von diesem nur eine geringere Menge aus der feinen Spitze auslaufen, mithin die Zahl der gemessenen Grade kleiner werden, als die eigentliche Temperatur, die x heißen möge. Um diese daher zu finden, ist eine Correction erforderlich, die nach Magnus durch folgende Betrachtung erhalten wird. Es sey das ursprüngliche Volumen des Quecksilbers, womit dasselbe bis 0° gefüllt ist, bei 0° Temperatur = V, dasjenige Volumen, welches nach dem Versuche darin enthalten ist, bei gleicher Temperatur = V', die Temperatur, in welche das Thermometer nach dem Versuche gebracht wird, wenn man dasselbe mit dem Normalthermometer vergleicht, heiße t, die Zahl der Grade, welche das Instrument bei dieser Temperatur einnimmt, heiße t' und die Ausdehnung des Quecksilbers für 1 Grad der Scale, wonach das Instrument getheilt ist, 1/δ, so hat man

$$V'(1 + \frac{t}{\delta}) = V(1 + \frac{t'}{\delta}).$$

Zugleich aber hat man

$$V'(1 + \frac{x}{\delta}) = V(1 + \frac{T}{\delta}),$$

denn V' hatte sich bei der Temperatur x so ausgedehnt, daß es das ganze Instrument erfüllte, also den nämlichen Raum einnahm, welchen V bei der Temperatur T einnahm, wenn T diejenige Temperatur bezeichnet, bei welcher das ganz gefüllte Instrument mit dem Normalthermometer verglichen wurde, ehe man den Nullpunct desselben durch Eintauchen in schmelzenden Schnee bestimmte. Beide Gleichungen zur Fortschaffung von V und V' dividirt geben

$$\frac{1+\frac{t}{\delta}}{1+\frac{x}{\delta}} = \frac{1+\frac{t'}{\delta}}{1+\frac{T}{\delta}} \quad \text{oder} \quad \frac{\delta+t}{\delta+x} = \frac{\delta+t'}{\delta+T},$$

woraus

$$x = \frac{\delta+T}{\delta+t'}(\delta+t)-\delta = \frac{(t-t'+T)\delta+tT}{\delta+t'}$$

gefunden wird. Nach Colladon und Sturm[1] beträgt der Unterschied der Zusammendrückung des Quecksilbers und des Glases durch eine Atmosphäre oder 0,76 Met. Quecksilberhöhe oder 10,32 Meter Wasserhöhe 1,73/1000000 seines Volumens und die Menge des in Folge eines gleichen Druckes weniger aus der Spitze des Thermometers ausgelaufenen Quecksilbers beträgt also

$$\frac{1,73}{1000000}V' = \frac{1,73\,V'}{1000000}\frac{\delta}{V}$$

in Graden des Instrumentes ausgedrückt, wofür man bei dem geringen Unterschiede zwischen V und V' ohne merklichen Fehler

$$\frac{1,73}{1000000}\delta$$

setzen kann. Bezeichnet dann h die Höhe der Wassersäule, bis zu deren Tiefe das Instrument herabgelassen worden war, p aber die Höhe einer Wassersäule deren Druck dem einer Atmosphäre gleich ist (10,32 Meter, 31,77 Par. Fuß, 33,88 engl. Fuß, 32,8 rhein. Fuß), so ist

$$\frac{1,73}{1000000}\cdot\frac{\delta h}{p}$$

die Anzahl von Graden, um welche sich das Quecksilber weniger ausgedehnt hat und die man also der gefundenen Temperatur noch hinzusetzen muß. Hiernach ist

$$x = \frac{(t-t'+T)\delta+tT}{\delta+t'} + \frac{1,73}{1000000}\cdot\frac{\delta h}{p'}.$$

Da aber δ sehr groß ist in Vergleich mit t, t' und T, so sind die nicht mit multiplicirten Glieder verhältnismäßig klein, können also weggelassen werden, und man hat sonach

$$x = t-t'+T+\frac{1,73}{1000000}\frac{\delta h}{p}.$$

---

1   Ann. Chim. et Phys. T. XXXV, p. 113; Poggendorff Ann. XII. 61.

Gustav Magnus

Zur Geschichte des Magnus-Hauses

Christine Becker

Das Magnus-Haus ist einer der letzten erhaltenen, barocken Wohnbauten Berlins aus der Zeit Friedrichs II. Das Gebäude diente seiner Bestimmung bis in die zwanziger Jahre unseres Jahrhunderts. Vom Bautypus des Adelspalais beeinflußt, repräsentiert es eine Wohnform des gehobenen Niveaus, die sich am höfischen Lebensstil orientierte.

Heute steht es stellvertretend für viele zeitgleiche Bauten des Typus repräsentativen, bürgerlichen Wohnens, die inzwischen verloren sind. Diese Tatsache weist dem Gebäude seine besondere Bedeutung zu, dessen Ausstrahlung dadurch gesteigert wird, daß dieses Kleinod des 18. Jahrhunderts als ein Dokument der ehemaligen, für die Dorotheenstadt typischen Bebauung in einem vollkommen veränderten städtischen Umfeld erfahren wird.

Auch das Haus veränderte sich – vor allem im Innern – über die Jahrhunderte. Die wechselnden Besitzer und Nutzer nahmen Veränderungen in dem Bauwerk vor, um es jeweils ihren Vorstellungen zeitgemäßen Wohnens anzupassen. Diese baulichen Maßnahmen, die zum Teil den ursprünglichen Bestand überlagern, gehören zu den prägenden, die Geschichtlichkeit manifestierenden Bauteilen des Hauses.

Die in den Jahren 1993/94 durchgeführte Restaurierung des Baukomplexes Am Kupfergraben 7, bei der der strukturell in seiner Substanz aus dem 18. Jahrhundert überlieferte Grundriß des Wohngebäudes wieder herausgeschält und erfahrbar gemacht wurde, trägt sowohl der architekturhistorischen als auch der stadtgeschichtlichen Bedeutung des Hauses Rechnung.

Zur Entstehungsgeschichte

Zur Zeit der Errichtung des Hauses ab 1756 lag das Grundstück noch isoliert nordöstlich der Dorotheenstadt. Die nach der Thronbesteigung Friedrichs II. im Jahre 1740 begonnenen Planungen für das spätere »Forum Fridericianum« hatten das Areal um den Kupfergraben zwar nicht in das unmittelbare Planungsgeschehen integriert, jedoch aus ihrer peripheren Lage im Stadtgrundriß herausgerückt. Das Areal zwischen Bauhof- und Letzte Straße (später Dorotheenstraße, heute Clara-Zetkin-Straße), auf dem später auch das Grundstück des heutigen Magnus-Hauses liegen sollte, gehörte bis ins 18. Jahrhundert teils zur Contrescarpe der Bastion 1, teils zum Festungsgraben und war unbebaut. Die Contrescarpe verlief mittig durch den Block zwischen den beiden Straßen. Erst die endgültige Planierung des Walles der Bastion 1 und die Begradigung des Festungsgraben im Jahre 1752 hatten Voraussetzungen für die Bebauung des Grundstückes geschaffen.[1]

---

1   E. Schachinger: Alte Wohnhäuser in Berlin. Ein Rundgang durch die Innenstadt. Berlin 1969, S. 52 f. und 78 f.

Zuvor war in diesem Bereich nur das nördlich benachbarte Grundstück, Am Kupfergraben 6, mit einem Wohnhaus, dem »Andibertschen Haus« bebaut worden.[2] Westlich des Grundstückes schlossen sich der Königliche Bauhof mit seiner umgebenden Bebauung sowie südlich dieses Platzes der noch nicht angelegte Garten des Prinz-Heinrich-Palais an, der durch den Verlauf des Festungsgrabens nach Osten abgeschlossen war.[3] Von Süden führte entlang des Palaisgartens eine baumbepflanzte Allee als Verbindung zwischen Unter den Linden und Letzter Straße auf das Grundstück zu. Die Wohnbebauung der Dorotheenstadt entwickelte sich westlich des Bauhofs. An der Nordseite der Letzten Straße lagen Gartengrundstücke, die an der späteren Georgenstraße endeten und zu den seit Mitte des 18. Jahrhunderts bebauten Spreewiesen überleiteten.[4]

Es ist zwar überliefert, jedoch nicht belegbar, daß das spätere Magnus-Haus als Immediatsbau, also auf Weisung und Kosten des Königs, entstand. Den ältesten Hinweis gab ein nicht erhaltener Grundbrief, der die Entstehung des Baues belegte. Demnach wurde das Haus am 8. November 1755 dem Kriegsrat Johann Friedrich Westphal »halb geschenkt« und »auf derjenigen wüsten Stelle, welche bey der Lauffbrücke am Kupfergraben neben der kleinen Gasse und dem ehemaligen Fortifikationsgraben lieget« errichtet. Damit erschöpfen sich urkundliche Mitteilungen aus der Gründungszeit des Hauses.[5]

Johann Friedrich Westphal ist seit 1761 als Bewohner »seines Hauses« Am Kupfergraben 7 im »Adres-Calender« aufgeführt.[6] Zu den wenigen Nachrichten, die über den ersten Bewohner des Hauses bekannt sind, gehört, daß Westphal im Verlauf des Siebenjährigen Krieges als »Haupt-Rendant« der »Ober-Krieges-Kasse« im September 1756 nach Torgau beordert wurde,[7] wo er mindestens bis zum Ende des Jahres, möglicherweise jedoch auch länger blieb, da er im »Adres-Calender« von 1759 und 1760 als »abwesend« vermerkt ist.

---

2 F. Nicolai: Beschreibung der Königlichen Residenzstädte Berlin und Potsdam. Berlin 1786, S. 178.

3 Ebd., S. 177 sowie S. 169 »Hinter dem Palaste bis an den Bauhof ist der Garten, welcher aber noch nicht völlig angelegt ist«; F. W. Holtze: Geschichte der Befestigung von Berlin. Schriften des Vereins für die Geschichte der Stadt Berlin (1874), H. X (2. Auflage), S. 103 beschreibt »... die verworrenen Anlagen des 'Bauhofs' ... Dieser Platz auf und am Glacis diente seit 1696 zuerst einige Jahre als Schiffsbauplatz, dann als Schloßbauhof; er wurde nach und nach mit einem Laboratorium, einer Gipsbrennerei, Schloßdiener-Wohnungen u. s. w. planlos bebaut; dazu kam 1773 ein Lazareth für das Regiment Gensdarmes ...«

4 Nicolai 1786, S. 176 f. (wie Anm. 2).

5 Der Brief wird erwähnt, jedoch nicht belegt bei: K. Pomplun: Berliner Häuser. Geschichte und Geschichten. Berlin 1975, S. 23 und in dem Zeitungsartikel: Früher Physik - jetzt Politik. Das 700jährige Berlin in Wort und Bild. Berliner Zeitung (1937), 39. Folge. Eine Bestätigung des Errichtungszeitraumes liegt mit den 1993 durchgeführten dendrochronologischen Untersuchungen vor, die für die Dachbalkenlagen ein Fälldatum von 1755 ergaben.

6 Adres-Calender, der Königl. Preuß. Haupt- und Residenz-Städte Berlin, derer daselbst befindlichen Hohen und Niederen Collegien, Instantzien und Expeditionen, mit Approbation der Königlichen Preussischen Academie der Wissenschaften, Jahrgänge 1758-1761.

7 Geheimes Staatsarchiv, Rep. 96.425.0, o. Blatt-Nr.: Acta des Kabinets König Friedrich's I. Immediatberichte des Generalfeldkriegsdirectorium 1756.

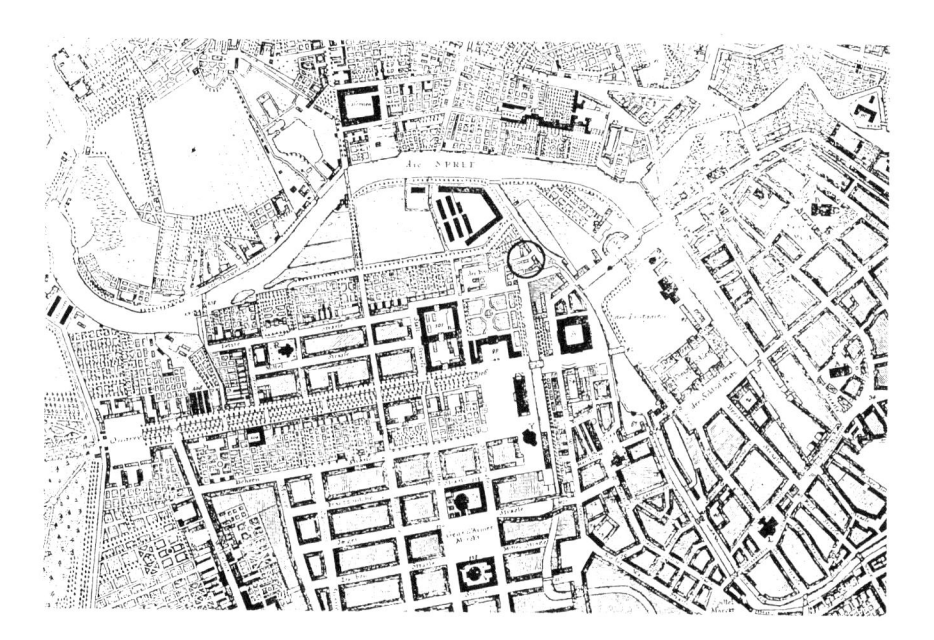

Ausschnitt aus dem Plan von Berlin, gezeichnet J. C. Rhoden 1772

Der Entwurf zum repräsentativen Bürgerhaus

Der Neubau entstand auf dem unregelmäßig zugeschnittenen Grundstück als ein großzügig angelegtes Anwesen – Hauptgebäude mit zwei Seitenflügeln, eine Remise und eine Gartenanlage – wie der Stadtplan von J. C. Rhoden aus dem Jahre 1772[8] sowie drei undatierte Grundrisse des Keller-, Erd- und Obergeschosses des Hauses Am Kupfergraben 7 darlegen.

Das Gebäude wurde unter Berücksichtigung der formal-ästhetischen Ansprüche der Zeit nach achsialen Grundrißbezügen mit seiner Hauptfassade parallel zum Kupfergraben angeordnet. Um das Grundstück effektiv auszunutzen und Platz für einen großen Garten zu haben, wurden die Baulichkeiten – einschließlich der Remise – an der nördlichen Grundstücksgrenze plaziert. Die Gartenanlage des 18. Jahrhunderts war durch ein Wegekreuz gekennzeichnet.[9]

Im Grundriß des Hauses wurde versucht, den Bedingungen, die an Komfort und Repräsentation gestellt wurden, gleichermaßen gerecht zu werden. Da relativ wenig Raum zur Entwicklung eines möglichst beziehungsreichen Grundrisses zur Verfügung stand, war die planerische und architektonische Entwicklung dementsprechend schwierig. In einigen Räumen dienten Zwischenwände aus Fachwerk und Holzbohlen, die wie Trennscheiben in die massive Struktur eingeschoben wurden, zur Unterteilung von Räumen.

Die Erschließung des Hauses erfolgt über den in der Mittelachse des Gebäudes angeordneten Eingangbereich mit dem Haupttreppenhaus. Eine Mittelwand gliedert das Hauptgebäude in zwei parallele Raumfluchten, die ohne Flur direkt aneinander gebaut sind und durch eine Enfilade erschlossen werden. Dies bedeutete, daß die beiden Raumfolgen unabhängig voneinander betreten werden konnten, ohne daß jedoch eine getrennte Erschließung der einzelnen Zimmer möglich ist. Die Enfilade setzte sich im eingeschossigen Südflügel sowie im Westflügel fort.

Prägendes Element der neunachsigen Fassade am Kupfergraben, die sich durch eine schlichte und wohl proportionierte Gestaltung auszeichnet, ist ein dreiachsiger Mittelrisalit mit vier korinthisierenden Pilastern. Profilierte Fensterfaschen, Fensterbekrönungen im Erdgeschoß und ein in illusionistischer Manier dekorierter Eingangbereich bilden neben den Kapitellen und Konsolen des Risalits den einzigen Schmuck des Hauses. Noch zurückhaltender stellen sich West- und Südflügel in ihrem klassizisierenden Habitus dar, deren heutiges Erscheinungsbild auf einen Umbau im frühen 19. Jahrhundert zurückgeht.

Die flach geneigten Walmdächer hatten ursprünglich an der Seite am Kupfergraben drei als Ochsenaugen ausgebildete Dachfenster, die, wie der ehemalige, ebenerdige Gartensaal am Westflügel bei Umbauten gegen Ende des 19. Jahrhunderts durch neue Bauteile ersetzt wurden. Die Remise mit dem signifikanten

---

8   Neuer geometrischer Plan der Königlichen Haupt- und Residenzstadt Berlin. Nach derzeitiger Beschaffenheit auf Veranstaltung der Königl. Academie d. Wissenschaften aufs genaueste verfertigt im Jahre 1772.

9   Bisher konnten keine Unterlagen gefunden werden, die Aufschluß über die Nutzung und Gestaltung des Gartens geben.

Mansarddach ist ihrer Bestimmung als Zweckbau entsprechend schmucklos ausgeführt. Ihre heutige Fassadenstruktur geht auf spätere Umbauten zurück.

Die einzige, bekannte Zuschreibung des Entwurfes findet sich in Friedrich Nicolais »Beschreibungen der Residenzstädte Berlin und Potsdam« von 1786, der Georg Friedrich Boumann als Architekten nennt:

> »Am Kupfergraben stehet: Das Westphalsche Haus, mit einem Garten, an der Aufschwemme. Dieses Haus ist nach den gemeinschaftlichen Rissen Boumanns des Sohnes und Naumanns, vom letzteren gebauet.«[10]

Der Aussage Nicolais wird in der Fachliteratur wenig Beachtung geschenkt und der Entwurf mit Georg Wencelslaus von Knobelsdorff in Zusammenhang gebracht.[11] Ein Beleg für diese Annahme liegt jedoch nicht vor und eine ausschließlich stilistisch begründete Argumentation reicht nicht aus, denn die Verwendung korinthisierender Pilaster zur Rhythmisierung einer Fassade gehörte zu Friedrichs II. beliebtesten architektonischen Gestaltungselementen. Sie treten am benachbarten Prinz-Heinrich-Palais auf, von Boumann d. Ä. ab 1752 errichtet sowie an zahlreichen, repräsentativ angelegten Wohnhäusern, die etwa zeitgleich in Potsdam gebaut wurden.[12]

Bei der stilistischen Einordnung ist zu berücksichtigen, daß der König seit seiner Thronbesteigung im Jahre 1740 das Baugeschehen in Berlin bestimmte. Es ist bekannt, daß Friedrich II. selbst Entwürfe für Wohnhausfassaden zeichnete, wobei er Stichvorlagen italienischer und englischer Architekturen verwendete.[13] Die ausgeführten Bauten folgten dementsprechend einem englisch beeinflußten, palladianischen Stil. Sie waren bis zu vier Geschossen hoch, was Friedrich II. für repräsentativ und einer Metropole, zu der die Stadt nach seinen Vorstellungen werden sollte, für angemessen hielt. Die auf der Baufluchtlinie angeordneten, traufständigen Häuser wandelten sich in ihrer Fassadengestaltung von dem ausgeprägten Relief des Barocks zu einer zurückhaltenden, für das Rokoko typischen Gliederungs- und Dekorationsweise, wobei sich die bürgerliche Baukunst in ihrer architektonischen Formensprache an der höfischen orientierte.

Zu dieser Zeit bestand eine klare Unterscheidung zwischen dem bürgerlichen Wohnhaus und dem adeligen Wohnsitz, dem Palais, das sich in Berlin unter dem Einfluß sowohl der italienischen als auch der französischen Baukunst entwickelte. Der italienische Palazzo, dessen Fassade der Straße zugewandt ist, während der private Bereich des Hofes an der Rückseite liegt, kam den Bedingungen der in Berlin geforderten Blockrandbebauung entgegen.[14] Der Cour d'Honneur des

---

10 Nicolai 1786, S. 176 (wie Anm. 2). Es kann sich bei dem erwähnten Boumann nur um Georg Friedrich Boumann (1737-1812/17?), den Sohn Johann Boumanns (1706-1776) handeln, denn sein jüngerer Bruder Michael Philipp Daniel war erst 1747 geboren worden.

11 Vgl. dazu R. Borrmann: Die Bau- und Kunstdenkmäler von Berlin. Berlin 1893, S. 417; E. Pudor: Alte Berliner Privathäuser. Mitteilungen des Vereins für die Geschichte Berlins (1910), Nr. 11/12, S. 147; H. J. Kadatz: Georg Wencelslaus von Knobelsdorff, Baumeister Friedrichs II. Leipzig 1985, S. 219; Die Bau- und Kunstdenkmale der DDR, Hauptstadt Berlin. Bd. 1. Berlin 1983, S. 190; Handbuch der deutschen Kunstdenkmäler. Bezirke Berlin DDR und Potsdam. Berlin 1983, S. 119.

12 Beispielsweise das Haus Breite Str. 34 (1751), das Haus Breite Str. 30 (1752), beide durch J. Boumann errichtet sowie das Wohnhaus Am Kanal 45 (1756) durch H. L. Manger; vgl. dazu H.-J. Giersberg: Friedrich als Bauherr. Berlin 1986, S. 156 f.

13 Giersberg 1896, S. 154 ff. (wie in Anm. 12).

14 Wie Borrmann feststellt, hatte die Bevorzugung italienischer Vorbilder jedoch noch einen anderen

französischen Adelspalais kommt beim Berliner Stadtpalais selten zur Ausführung bzw. wird der Grundriß um 180 Grad gedreht. In der Grundrißgestaltung dagegen überwiegen französische, damals als ausgesprochen modern geltende Einflüsse.

Mit dem Immediatsbau nahm Friedrich II. unmittelbar Einfluß auf die Stadtgestaltung.[15] Er belohnte verdiente Hof- und Staatsbeamte häufig mit einem Grundstück oder Haus. Die Mittel wurden dann nicht in barer Münze, sondern in Form von Baumaterialien wie Bauholz und Steinen ausgezahlt und waren mit der Verpflichtung ein Gebäude zu errichten, verbunden. Die Neubautätigkeit konnte auf diese Weise in der Stadt erheblich gesteigert werden.

Vor diesem Hintergrund wird deutlich, daß das Bauwerk im Spannungsfeld der höfischen Architektur entstand: Ein für das Berliner Wohnhaus des 18. Jahrhunderts typischer Grundriß wurde mit Elementen der barocken Schloßbaukunst kombiniert. Die balkentragende Mittelwand in der Längsachse des Hauses sowie die Plazierung von Entrée und Treppenhaus als zentrales Erschließungselement in der Mittelachse des Hauses ist kennzeichnend für das Wohnhaus der friderizianischen Zeit, während die in beiden Geschossen des Magnus-Hauses vorhandene Enfilade der Schloßbaukunst entlehnt ist. Seit Mitte des 18. Jahrhunderts fand dieses aus Frankreich stammende Raumsystem Eingang im gehobenen, bürgerlichen Wohnungsbau. Auch die Anlage der Korridore, insbesondere der Schlupfkorridore zu den Heiznischen weisen auf französische Vorbilder. Die Einführung eines hofseitig angelegten Versorgungsganges dagegen zeigt eine aus Italien stammende Grundrißlösung.

Das Haupttreppenhaus bleibt dem Berliner Bautypus verbunden. Seit etwa Mitte des 18. Jahrhunderts wurde den vertikalen Erschließungen auch im Wohnhausbau eine größere Eigenständigkeit gegeben.[16] Vor allem gewundene Treppen mit elliptischem Grundriß, erfreuten sich als Repräsentationselemente in bürgerlichen Bauten großer Beliebtheit. Treppenhäuser waren, wie Korridore und Flure, jedoch nicht nur gestalterisch von Bedeutung, sondern trugen gleichzeitig dem Wunsch nach einer größeren Intimität im Hause und einem zunehmend nach innen gerichteten Lebensstil Rechnung.

Das Eisengeländer der Treppe aus den sechziger Jahren des 18. Jahrhunderts, das mit floralen Motiven verziert ist, wird als besonders »treffliches Beispiel ... für die hochentwickelte Berliner Schmiedekunst« hervorgehoben.[17] Es gehört zu den wenigen überkommenen Dekorelementen aus der Erbauungszeit des Hauses.

Grund: »Auch in der Verwendung des Putzes statt echter Baustoffe bot der große Italiener [Palladio] willkommene Muster für die Bautätigkeit Friedrichs, dem es ... auf die äußere Wirkung und den glänzenden Schein ankam«. Zit. nach R. Borrmann 1893, S. 417 (wie in Anm. 11).

15 Insbesondere zwischen 1770-73 läßt sich eine erhebliche Bautätigkeit zum »Embellissement« der Residenzstadt verzeichnen; dazu R. Borrmann 1893, S. 128 (wie in Anm. 11).

16 Dazu A. Gut: Das Berliner Wohnhaus des 17. und 18. Jahrhunderts. Berlin 1917 (Neuauflage: Berlin 1984), S. 165 ff.

17 Ebd., S. 172.

Das Leben im Haus

Die Form des gehobenen, bürgerlichen Wohnens, das sich an einem höfischen Lebensstil orientierte, setzte das Vorhandensein ganz bestimmter Einrichtungen im Hause voraus. Dazu gehörten sowohl eine Anzahl von Repräsentations- und Wohn- bzw. Schlafräumen mit Bad oder zumindest Abortanlagen als auch geräumige Wirtschafts- und Lagermöglichkeiten. Es ist davon auszugehen, daß der im 18. Jahrhundert üblichen funktionalen Zuordnung folgend, auch im Magnus-Haus die Gesellschaftsräume an der Straßenseite und die Wohn- und Schlafräume an der Rückseite des Hauses lagen. Hervorzuheben sind die beiden Paradeschlafzimmer mit fest eingebautem Bett und der Festsaal im Obergeschoß, der an repräsentativer Stelle gegenüber dem Treppenhaus angeordnet ist. Als einziger Raum des Hauses weist er durch zwei symmetrisch angeordnete Wandkonchen noch heute eine besondere Dekoration auf.

Im übrigen gibt es nur wenige Hinweise auf die ursprüngliche, innere Ausstattung des Hauses. Die Türen des 18. Jahrhunderts, die sowohl als doppelflügelige Durchgänge als auch in Form von Schlupftüren bestanden, hatten segmentbogige Stürze. Die Fenster waren vermutlich als Schiebefenster ausgeführt. Die Wände trugen möglicherweise mit in Rokoko-Manier bemalten Rupfentapeten. Braune und weiße, für das 18. Jahrhundert typische Fayenceöfen dürften der Beheizung gedient haben.

Bemerkenswert ist der langgestreckte, der Bewirtschaftung dienende Flur, der in allen Geschossen das Hauptgebäude mit dem Westflügel verband. Von dort aus wurden die Öfen in den Zimmern befeuert, ohne daß der Raum betreten werden brauchte. Die zum größten Teil überwölbten Kellerräume waren dienten mit Ausnahme einer »Domestiquen Stube« als Wirtschaftsräume und Lager für die beiden Küchen des Hauses.

Das Vorhandensein von zwei Küchen legt die Vermutung nahe, daß es im Hause mehrere Mietparteien gegeben hat. So ist denn auch überliefert, daß Johann Friedrich Westphal den 1736 in Turin geborenen Mathematiker Joseph-Louis Comte de Lagrange von 1774 bis 1782 als Mitbewohner oder Mieter aufgenommen hatte. Lagrange war im Jahre 1766 zum Direktor der mathematischen Klasse der Akademie der Wissenschaften in Berlin berufen worden, nachdem er der Berliner Akademie bereits seit 1756 als auswärtiges Mitglied angehörte.[18] Lagrange, der schon mit 19 Jahren Professor für Mathematik an der Artillerieschule in Turin geworden war, trat die Nachfolge Leonard Eulers an. Seine Leistungen lagen im Gebiet der Analysis und Mechanik, insbesondere der Himmelsmechanik, mit der sich fast die Hälfte seiner Arbeiten befaßt.[19]

Johann Friedrich Westphal ist als Bewohner des Hauses Am Kupfergraben 7 letztmalig im »Adres-Calender« von 1786 nachgewiesen. Er starb den Kirchenbü-

---

18 A. Harnack: Geschichte der Königlich Preussischen Akademie der Wissenschaften zu Berlin. Bd. 1. Berlin 1900, S. 360 f.
19 Zu Lagrange: Biographien bedeutender Mathematiker. Hg. Hans Wußing und Wolfgang Arnold. Berlin 1978; Utz Hoffmann: Der Philosoph ohne Lärm am Kupfergraben. spectrum 17 (1986), H. 7, S. 28.

Der Mathematiker Joseph-Louis Lagrange

Ansicht des Kupfergrabens mit dem neuen Packhof, nach einem Gemälde von Wilhelm Barth, um 1835

chern der Dorotheenstadt zufolge im Jahre 1787.[20] Das Anwesen blieb jedoch weiterhin im Besitz der Familie. Die »Geheime Kriegsräthin Westphalen geb. Puhlmann« verkaufte im Jahre 1802 den westlichen Teil des Grundstückes, das spätere Grundstück Bauhof 1, an den Handschuhmachermeister Johann Adam Brummert[21]. Dieser Teil des Grundstückes sollte Jahre später nach einem Gestaltungsentwurf des Gartenbaudirektors Peter Joseph Lenné angelegt werden.

Erste Veränderungen: Die Zeit zwischen 1822 und 1840

Im Jahre 1822 veräußerten die Erben Westphals das Anwesen an den Oberbaurat August Adolf Günther bzw. seine Ehefrau, deren Name im »Adres-Calender« erstmals 1823 aufgeführt wird. Den Akten der Feuersozietät zufolge, zahlte die »... verehelichte Geheime Oberbauräthin Günther, Marie, geborene Barstow«[22] am 16. Dezember 1822 eine Versicherungssumme von 34.000 Talern ein.

Günther, der am 10. November 1841 zum Nachfolger Schinkels als Direktor der Oberbaudeputation berufen wurde, war 1816 als Wasserbau-Spezialist zum Geheimen Oberbaurat der Oberbaudeputation berufen worden. Seit 1822 war er vor allem mit den Vorbereitungen für den Ausbau des Hafens von Swinemünde beschäftigt und unternahm regelmäßig Dienstreisen nach Pommern.[23] Um 1823 mit dem »Rothen Adlerorden 3. Klasse mit Schleife« ausgezeichnet, wurde er im Jahre 1838 zum Vice-Ober-Bau-Direktor der Oberbaudeputation befördert.[24]

Familie Günther hatte das Haus nicht allein bewohnt, sondern einen Teil der Räume an Karl Graf von Brühl und seine Frau vermietet. Der 1828 von seinem Amt zurückgetretene Generaldirektor der Schauspiele in Berlin, wurde im Jahre 1829 zum Generalintendanten der Königlichen Museen ernannt und »... Brühls ermieteten Kupfergraben 7, also in nächster Nähe des Museums, ein neues Quartier, leiteten den Umzug dorthin ein.«[25]

Im Jahre 1840 zogen die Günthers nach Unter den Linden 8 um. August Adolf Günther, der 63-jährig am 25. Dezember 1842 verstarb, hinterließ außer seiner Ehefrau Marie fünf Kinder.[26]

Bisher wurde die Entstehung der heutigen Kubatur des Hauses in den Zeitraum nach dem Kauf durch Oberbaurat August Adolf Günther und seine Frau Marie datiert.[27] Aufgrund der vorliegenden, jüngsten Forschungsergebnisse zur

---

20 Evangelisches Zentralarchiv zu Berlin. Gemeinde der Dorotheenstadt, Nr. 10/81. Johann Friedrich Westphal ist im Register aufgeführt, jedoch fehlt im mikroverfilmten Kirchenbuch aufgrund eines Aufnahmefehlers die entsprechende Seite. Das Buch ist im Original nicht mehr erhalten.
21 Grundbuch der Dorotheenstadt. Bd. VI, Blatt 345.
22 Landesarchiv Berlin, Rep. 180, Film 13, Bd. 96, S. 56.
23 Geheimes Staatsarchiv, Rep. 93, D Lit. B. 1, Nr. 41: Acta wegen Anstellung des Regierungs- und Wasser-Bauraths Günther als Geheim. Ober-Baurath. 1816-1843.
24 Königlich Priviligierte Zeitung von Staats- und gelehrten Sachen, Nr. 282 vom 1. Dez. 1838.
25 H. von Krosigk: Karl Graf von Brühl. General-Intendant der Königlichen Schauspiele, später der Museen in Berlin und seine Eltern. Berlin 1910, S. 367. Karl Graf von Brühl lebte von 1772-1837.
26 Evangelisches Zentralarchiv zu Berlin. Gemeinde der Dorotheenstadt, Nr. 10/91. Günther wurde am 29.12.1842 auf dem Dreifaltigkeits-Kirchhof beigesetzt.
27 Dahingehend äußern sich Keibel: Staatliche Denkmalpflege in Alt-Berlin. Wiederherstellungsarbeiten

Genesis des Hauses kann der bisherigen Ansicht, daß beide Seitenflügel bauliche Erweiterungen des 19. Jahrhunderts seien, sowohl durch die vorliegenden Grundrisse des 18. Jahrhunderts als auch durch die Datierung der Dachbalkenlagen widersprochen werden. Es haben jedoch Umbauten stattgefunden, bei denen das Gebäude dem neuen, klassizisierenden Zeitgeschmack entsprechend im Inneren und möglicherweise auch an den Fassaden verändert wurde.

Der Physiker Gustav Magnus. Ein Ort des Wohnens und der Wissenschaft 1840-1911

Gustav Magnus kaufte das Anwesen 1840, im Jahre seiner Heirat mit der Verlegerstochter Bertha Humblot. Er entstammte – im Jahre 1802 geboren – einer gesellschaftlich exponierten Berliner Familie. Im Elternhaus verkehrten einflußreiche Geschäftsleute, hohe Staatsbeamte, Künstler und Gelehrte. Zu den besonderen Freunden des Hauses gehörte die Familie Mendelssohn, deren Sohn, der spätere Komponist Felix Mendelssohn-Bartholdy nur wenige Jahre jünger war als Gustav Magnus. Sein Bruder Eduard, einer der angesehensten Vertreter des Berliner Realismus, hat den Komponisten neben anderen Persönlichkeiten der Berliner Gesellschaft häufig gemalt.[28]

Gustav Magnus wurde als promovierter Chemiker später zu einem der angesehensten Vertreter der Physik im deutschen Sprachraum.[29]

Magnus hatte sich frühzeitig auf die experimentelle Chemie in Verbindung mit technologischen Fragen spezialisiert und gehörte damit zu den Vorreitern einer neuen Auffassung, die die zukünftige Aufgabe der Naturwissenschaften in der Verwertbarkeit ihrer Ergebnisse für die expandierende Industrie sahen.

In seinem neuen Haus am Kupfergraben richtete Magnus einen Hörsaal und ein Laboratorium ein. Es ist nicht bekannt, in welchen Räumen die Vorlesungen und Übungen stattfanden und ob Magnus bereits damals den Westflügel zu einem Hörsaal umbaute. Naheliegend wäre allerdings, daß er seinen Arbeitsbereich nicht im repräsentativen Hauptgebäude untergebracht hatte.

Gustav Magnus führte ein offenes Haus. Sein privates physikalisches Kabinett stand seit 1842 Studenten zur Verfügung und seit April 1843 bestand seine als »physikalisches Kolloquium« bezeichnete Lehrveranstaltung. Es handelte sich dabei um eine zwanglose Zusammenkunft junger Physiker, größtenteils Studenten, die sich im Abstand von ein oder zwei Wochen im Hause Magnus bei »Tee und Gebäck« trafen. Die Zusammenkünfte dienten dem Austausch von Veröffentlichungen; es wurde die Kunst des Vortrages geübt und Fragestellungen zum neuesten Forschungsstand diskutiert.[30]

Im Rahmen der physikalischen Treffen im Magnus-Haus begegneten sich Werner Siemens und Johann Georg Halske. Dieser Kontakt stellte den Beginn

---

an den Universitätsgebäuden am forum fridericianum. Zentralblatt der Bauverwaltung 57. Jg., Heft 3, S. 829-843 und U. Kieling: Berlin. Baumeister und Bauten, Gotik bis Historismus. Leipzig 1987, S. 74.
28 Vgl. dazu I. Wirth: Berliner Malerei im 19. Jahrhundert. Berlin 1990, S. 129 ff.
29 Vergleiche den Beitrag von S. Wolff im vorliegenden Buch, S. 11 ff.
30 Ebd., S. 26.

ihrer Zusammenarbeit dar, dem 1847 die Gründung der Siemens & Halske folgte – ein Ergebnis der im Hause Magnus geführten Diskussionen zur Praxisnähe.

Werner Siemens, der Magnus während seiner Ausbildung an der Vereinigten Artillerie- und Ingenieurschule in Berlin 1835-38 als seinen Lehrer kennengelernt hatte[31], gehörte zu den Teilnehmern des Magnusschen Kolloquiums. Im Jahre 1846 machte der Physiker Emil Du Bois-Reymond, der ein Freund sowohl Siemens als auch Halskes war, die beiden Techniker im Hause von Gustav Magnus miteinander bekannt.[32]

Insbesondere ein Vortrag von Siemens über die Probleme der Telegraphie und die Vorführung eines selbstentwickelten Zeigertelegraphen hatte Halske nachhaltig beeindruckt und den Ausschlag für die Entscheidung zu einer Firmengründung gegeben.

Die baulichen Veränderungen, die mit großer Sicherheit zu Zeiten der Familie Magnus im Hause durchgeführt wurden, sind ebenso wenig belegt wie die der vorangegangenen Zeit. Da sich das Haus über einen Zeitraum von nahezu siebzig Jahren in Familienbesitz befand, ist davon auszugehen, daß im Rahmen einer regelmäßigen Instandhaltung auch Veränderungen im Hause vorgenommen worden sind. Mit den teilweise erhaltenen Innenfenstern und ihren hölzernen Laibungsverkleidungen, den Klappläden und Lamberien hat sich ein Teil dieser Ausstattungselemente bis in die Gegenwart erhalten.

Der Zeitpunkt der Umgestaltung der ursprünglichen Gartenanlage mit dem Achsenkreuz zu einer für die zweite Hälfte des 19. Jahrhunderts typischen Gartengestaltung mit einem Rondell im Bereich des Hofes kann nicht näher bestimmt werden.

Gustav Magnus verstarb im Alter von 68 Jahren am 4. April 1870. Seine neunzehn Jahre jüngere Frau bewohnte das Haus am Kupfergraben bis zu ihrem Tod im Jahre 1910. Sie pflegte, nach Aussage von Kurt Pomplun, eine »alte Berliner Gepflogenheit«: Sie wohnte »nur im Winter am Kupfergraben. Im Sommer zog sie ›aufs Land‹: in ihre Villa Tiergartenstraße 28«.[33]

Seit 1930 ehrt eine Gedenktafel am Hause das Andenken an Gustav Magnus.

Vom Familienbesitz zum Mietshaus: Max Reinhardt und seine Familie 1911-1933

Im Jahre 1911 wurde das Anwesen von der Krongutverwaltung gekauft und ging damit in staatlichen Besitz über. Es war geplant, wie bereits in einigen Häusern

---

31 S. von Weiher: Berlins Weg zur Elektropolis. Berlin 1974, S. 53 f. Siemens, der gern an der Bauakademie studiert hätte, bewarb sich aufgrund der geringen finanziellen Möglichkeiten seiner Eltern als Offiziersaspirant bei der preußischen Armee. Seine Aufnahme bei der Artillerie kam seinen technischen Neigungen entgegen.

32 Johann Georg Halske hatte als Maschinenbauer und Feinmechaniker gelernt. Er gründete eine Firma zur Herstellung physikalischer Apparaturen, die auch die Universität belieferte. Wie Siemens experimentierte er mit mechanischen Instrumenten. Vgl. dazu H. Goetzeler: Johann Georg Halske. In: Berlinische Lebensbilder Techniker, S. 135 ff.

33 Pomplun 1975, S. 25 (wie in Anm. 5).

Gustav Magnus (aus: Nature, 1870)

in der Bauhofstraße, Bedienstete des Hofes unterzubringen.[34] Diese Idee wurde jedoch nicht umgesetzt.

Bis in die zweite Hälfte des 19. Jahrhunderts hatten sich in der näheren Umgebung des Magnus-Hauses keine tiefgreifenden, strukturellen Veränderungen vollzogen, die zu einer Verschiebung der stadträumlichen Bezüge geführt hätten. Während der kommenden Jahre sollten jedoch stadtplanerische Maßnahmen das Gebiet um den Kupfergraben entscheidend verändern.

Als besonders folgenreich erwiesen sich die Planungen und die Ausführung der Bauten für die neuen Museen auf der Spreeinsel, deren Kubaturen auf den Maßstab der gewachsenen Altstadtstruktur keinerlei Rücksicht nahmen. Die im Zusammenhang mit dem Bau des Pergamonmuseums stehenden planerischen Vorgaben, die für die geplante Erweiterung der Universität eine direkte und repräsentative Verbindung zwischen dieser und dem neuen Museum vorsahen, stellten eine unmittelbare Bedrohung für die gegenüberliegenden Bauten am Kupfergraben dar. Diese Neuordnung des Gebietes zwischen Kupfergraben und Hegelplatz hätte den Abriß der gesamten Bebauung dieses Quartiers bedeutet. Der Plan von 1912/13 kam nicht zur Ausführung.[35]

Der Einzug Max Reinhardts in das Haus im Jahre 1911 wird bisweilen als dessen Rettung dargestellt. Es ist jedoch anzunehmen, daß zu diesem Zeitpunkt die Planungen noch keine konkreten Formen angenommen hatten und das Gebäude bis auf weiteres vermietet wurde.[36] Reinhardt hatte zuvor das Palais Wesendonck, In den Zelten 21 in Tiergarten, zur Miete bewohnt. Nachdem er das Palais räumen mußte, gelang es ihm einen langjährigen Mietvertrag für das Haus Am Kupfergraben 7 abzuschließen.[37]

Reinhardt zog mit der Schauspielerin Else Heims und seinem ersten Sohn Wolfgang in das Haus ein – der zweite Sohn Gottfried wurde dort 1913 geboren. Sie bewohnten die obere Etage, Reinhardts Familienmitglieder, die ihm aus Österreich gefolgt waren, teilten sich das Erdgeschoß. Sein Sohn Gottfried beschrieb die Situation einmal folgendermaßen:

> »Da war erstmal Edmunds Wohnung im Parterre, in der Obhut von Fräulein Grete und zwei Polizeihunden – gefährlichen Gegnern unseres Seidenpinschers –, gesperrt für die Neffen bis auf die Küche im Keller, deren Fenstertür in den Garten ging. ...

---

34 Ebd.

35 Zu den Planungen der Verbindung des erweiterten Universitätsgebäudes mit den neuen Museumsbauten: vgl. Zentralblatt der Bauverwaltung 33 (1913), H. 42, S. 279 ff. und W. Schäche: Alfred Messels Pergamonmuseum, Anmerkungen zu seiner architektur- und kunstgeschichtlichen Bewertung. Werkbund Archiv 4 (1979), S. 252 ff.

36 »Man munkelte davon, daß der Fiskus es übernehmen werde und daß es nach Fertigstellung der Messelschen Museumsbauten am anderen Ufer jedenfalls abgerissen würde. Aber es fand sich noch in letzter Not ein rettender Mieter ... Dieser Retter in der Not war Max Reinhardt.« Zit. nach Max Lehrs: Gesammeltes. Freiburg i. B. 1924, S. 33.

37 Max Reinhardt hatte seine Karriere als Schauspieler begonnen und eröffnete in Berlin 1901 sein erstes eigenes Theater »Schall und Rauch«. Sensationelle Regieerfolge führten zur Leitung des Deutschen Theaters ab 1903, dessen Eigentümer er 1905 wurde. Die folgenden Jahrzehnte waren mit Regietätigkeit im In- und Ausland sowie in den USA ausgefüllt. Zu dieser Zeit lebte Reinhardt in Berlin und zeitweilig auf seinem Schloß Leopoldskron in Österreich. 1933 emigrierte er in die USA, wo er 1943 verstarb. Im Jahre 1910 heiratete er Else Heims, die u. a. in Inszenierungen von Max Reinhardt auftrat. Ihr erster gemeinsamer Sohn Wolfgang war 1908 in Berlin geboren worden.

Max Reinhardt, Regisseur und Theaterleiter. Foto: um 1910, H. L. Held, Berlin.

Gegenüber von Edmund, unmittelbar unter uns, lebte Jenny Rosenberg, meines Vaters Lieblingsschwester, mit ihrem Gatten Hermann und ihren drei Kindern, Eva, Hans und Gretl, unseren Spielkameraden; außerdem bis zu deren Ableben die Mutter meines Vaters und seine Schwester Irene sowie bis zu ihrer allseits mißbilligten Heirat – für Edmund eine zusätzliche Belastung des hohen Familienbudgets – die jüngste der Geschwister Adele. ... Im Keller des Knobelsdorff-Baus – derselbe Architekt hat Friedrichs Sanssouci geschaffen –, einer labyrinthischen Szenerie für weitere Räuber- und Gendarm- und ähnliche Aktivitäten, wohnte das Hausmeister-Ehepaar Schuhmacher, dessen männlicher Teil am Abend in der Doppelbesetzung als Logenschließer in den Kammerspielen tätig war.«[38]

Es ist nicht bekannt, inwieweit Max Reinhardt Veränderungen in oder an dem Gebäude vornahm. Es heißt, er hätte es »mit Liebe und Verständnis« eingerichtet. Seine Räume lagen im nördlichen Trakt des Hauptgebäudes, die seiner Frau auf der südlichen Seite, getrennt voneinander durch den großen Saal, der als Speisezimmer benutzt wurde. Die Kinderzimmer und die Küche lagen im Westflügel. Die Wohnung war weitgehend mit Möbeln und Acessoires aus der Zeit des Barocks und Empires eingerichtet. Besonderer Wert wurde dabei auf einen inszenatorischen Charakter der Einrichtungsgegenstände gelegt. Davon zeugt noch heute der Marmorkamin im ehemaligen Arbeitszimmer von Max Reinhardt.[39]

Besonders festliche Abende fanden in dem großen Saal im Erdgeschoß des Westflügels statt, der damals durch gemalte Empiregirlanden und einen weiteren Marmorkamin dekorativ ausgestattet war. Möglicherweise nutzte Reinhardt den Saal auch für private Aufführungen. Allerdings befand sich dort nicht, wie bisweilen behauptet wird, seine Theaterschule. Diese hatte er im zweiten Obergeschoß im Hause der Kammerspiele in der Schumannstraße, in unmittelbarer Nachbarschaft zum Deutschen Theater, untergebracht.[40]

Die besondere Wohnqualität des Hauses, die durch den großen Garten noch gesteigert wurde, empfanden auch die Bewohner als »ein fürstliches Privileg«. Er diente als Ort der Erholung, als Spielrevier für die Kinder und versorgte durch seinen reichen Bestand an Obstbäumen und -büschen darüberhinaus die ganze Familie. Gottfried Reinhardt beschreibt wie an den Hofseiten der Gebäudetrakte Weinreben emporrankten und »Flieder, Jasmin, Akazien- und Kastanienblüten« das Anwesen mitten im Zentrum Berlins verschönten. Trotz der scheinbar paradiesischen Lebensumstände fiel die Großfamilie auseinander. Max Reinhardt verließ das Haus am Kupfergraben aus familiären Gründen im Jahre 1921.[41]

Sein Bruder Edmund[42] räumte das Haus um 1925. Über den Verbleib der übrigen Familienmitglieder kann keine Aussage getroffen werden. Else Reinhardt-Heims bewohnte mit den beiden Söhnen weiterhin die südlichen Räume

---

38 G. Reinhardt: Der Liebhaber. Erinnerungen seines Sohnes. München, Zürich 1973, S. 119 ff.
39 Eine ausführliche Beschreibung findet sich bei M. Lehrs 1924, S. 32 ff. (wie in Anm. 36).
40 E. von Winterstein: Mein Leben und meine Zeit. Bd. II: Max Reinhardt. Berlin 1947, S. 238 ff.
41 Reinhardt 1973, S. 116 (wie Anm. 38). Reinhardt erhielt durch die Stadt Berlin eine Wohnung in einem Seitenflügel des Schlosses Bellevue, wo er bis zu seiner Emigration 1933 lebte. Vgl. dazu E. Winterstein 1947, S. 324 (wie Anm. 40). Reinhardt heiratete nach seiner Scheidung 1935 seine langjährige Lebensgefährtin Helene Thimig.
42 Edmund Reinhardt war der wichtigste Mitarbeiter seines Bruders, der vor allem die Finanzgeschäfte leitete.

des Obergeschosses am Kupfergraben sowie das Obergeschoß des Westflügels. Damit stand der größte Teil des Hauses leer.

Im Januar 1934 verließ auch Frau Reinhardt-Heims Berlin und emigrierte in die USA. Mit ihrem Auszug endete die Tradition des Palais als privates Wohnhaus.

Der Wandel vom Bürgerpalais zum Universitätsbau 1928-1945

Eine veränderte Nutzung des Hauses hatte bereits einige Jahre vor dem Auszug von Else Reinhardt-Heims eingesetzt. Über die Hälfte der Räume standen seit dem Auszug Max Reinhardts und seines Bruders leer. Daher gab es seit dem Jahre 1927 Pläne, die ungenutzten Räume des Hauses im Erd- und Obergeschoß für das Ungarische Institut der Friedrich Wilhelms-Universität zu nutzen und umzubauen. Die Planungshoheit lag bei der Hochbauabteilung des Preußischen Finanzministeriums, sodaß mit diesem Bauvorhaben erstmals Pläne und Schriftverkehr zu dem Anwesen vorliegen.

Die Umbauten, die einen Teil der Kellerräume, das Erdgeschoß und die nördlichen Räume des Obergeschosses betrafen, schlossen eine umfangreiche Instandsetzung ein. Es wurden jedoch keine gravierenden, strukturellen Veränderungen an dem Bauwerk vorgenommen. Das bis zu diesem Zeitpunkt ofenbeheizte Gebäude erhielt eine Zentralheizung, was den Abbruch der alten Feuerstellen mitsamt der Kamine zur Folge hatte. Es erfolgte darüberhinaus eine gründliche Erneuerung des Wand- und Deckenputzes sowie eine Instandsetzung der vorhandenen Fenster, Türen und Fußböden, die den geringen Bestand an historischer Ausstattung erklärt. Im Kellergeschoß entstanden Wohnungen für einen Heizer und einen Pförtner des Instituts.[43]

Das Ungarische Institut, das unter der Leitung von Julius von Farkas stand, bezog das Haus Ende 1929. Als einziges Institut dieser Art außerhalb Ungarns diente es der Erforschung und Verbreitung ungarischer und verwandter Kulturen. Es bestand aus der ungarischen, der turkologischen und der finnisch-estnischen Abteilung. Darüberhinaus wurden ein Archiv und eine bibliographische Zentralstelle eingerichtet. Zu den Aufgaben des Institutes gehörte die Herausgabe der vierteljährlich erscheinenden »Ungarischen Jahrbücher« und der Reihe »Ungarische Bibliothek«.[44] Die finnisch-estnische und die ural-altaische (türkische) Abteilung, ein Hörsaal sowie die umfangreiche Bibliothek, die teilweise im Saal des Westflügels untergebracht war, befanden sich im Erdgeschoß des Hauses. Die ehemals von Max Reinhardt bewohnten Räume standen dem Direktor und zwei Dozenten zur Verfügung.

Seit Anfang 1933 beherbergte das Haus auch das Institut für Semitistik und Islamkunde. Unter seinem 1930 berufenen Direktor Carl Becker reichte das

---

43 Landesarchiv Berlin, Pr. Br., Rep. 42: Neue Bauakten 1274-1276. Aus Gründen von Kostenersparnissen wurden weitaus weniger Maßnahmen durchgeführt als geplant, der Bestand wurde auf diese Weise mehr geschont.

44 Archiv der Humboldt Universität zu Berlin, Phil. Fak., Nr. 874.

Lehrangebot von Vorlesungen über islamisches Recht und mittelpersische Lektüre zu Kursen in Äthiopisch und Assyrisch für Anfänger und Fortgeschrittene.[45]

Nach dem Auszug von Else Reinhardt-Heims wurden auch deren Räume der Universität zur Nutzung überlassen, die das neu gegründete Institut für Politische Pädagogik unter der Leitung von Professor Alfred Baeumler bezog.

Mit der Gründung dieses Institutes reagierte die damalige Leitung der Friedrich Wilhelms-Universität unverzüglich auf die Regierungsübernahme durch die Nationalsozialisten im Januar 1933. In der Begründung für den Haushaltsentwurf für das Jahr 1934 heißt es:

»Die neue Staatsführung hat vom ersten Augenblick an die erzieherischen Aufgaben ins Auge gefaßt, die mit der Übernahme der Macht verbunden waren. ... der Herr Minister hat daher beschlossen, an der Universität Berlin einen Lehrstuhl für politische Pädagogik zu gründen und diesem Lehrstuhl ein Institut anzugliedern, das die Aufgabe hat, die wissenschaftlichen Grundlagen der neuen Staatserziehung herauszuarbeiten.«[46]

Das Institut bezog außer den Räumen im Obergeschoß auch das ausgebaute Dachgeschoß. Der Inbetriebnahme des Institutes gingen eine umfangreiche Sanierung der Reinhardtschen Wohnung und ein Umbau voraus, der einerseits den reibungslosen Institutsbetrieb garantieren und andererseits der bauhistorischen Bedeutung des Gebäudes gerecht werden sollte. Im Westflügel entstand ein Hörsaal, der den Abbruch der Zwischenwände in diesem Bereich notwendig machte. Als Zugang zu den neu geschaffenen Arbeitsräumen im Dachgeschoß wurde eine Treppe gebaut, in die Teile einer an anderer Stelle abgebrochenen, barocken Holztreppe integriert wurden. Wiederum blieben die Repräsentationsräume von Veränderungen ausgenommen.[47]

Die Nutzung nach dem Ende des Zweiten Weltkrieges

Die Bombardements des Zweiten Weltkriegs hatten weite Teile der Berliner Stadtmitte niedergelegt. Auch die Umgebung und Nachbargrundstücke des Hauses Am Kupfergraben 7 sind zum Teil stark zerstört worden. Das Magnus-Haus blieb erstaunlicherweise mit Ausnahme der Freitreppe von substantiellen Verlusten verschont.

Im Jahre 1945 wurde das insgesamt schlecht instandgehaltene Gebäude[48] von der Sowjetarmee besetzt, die verschiedene Dienststellen dort unterbrachte. Dazu gehörte auch ein Büro des sowjetischen Geheimdienstes, der die Kellerräume als Gefängnis benutzte. Das Büro stellte eine Durchgangsstation dar: Die Gefangenen wurden von hier aus den Tribunalen zur Verurteilung vorgeführt.

Im Jahre 1949 setzte die Planung für die Einrichtung des Hauses als Sitz der Gesellschaft für Deutsch-Sowjetische Freundschaft (DFS) ein, nachdem die

---

45 Vorlesungsverzeichnis der Friedrich Wilhelms-Universität vom WS 1932/33, S. 91 f.
46 Archiv der Humboldt Universität zu Berlin, UK Nr. 905, Bl. 159-162.
47 Keibel: Staatliche Denkmalpflege in Alt-Berlin. Wiederherstellungsarbeiten an den Universitätsgebäuden am forum fridericianum. Zentralblatt der Bauverwaltung 57. Jg., Heft 33, S. 843.
48 Landesarchiv Berlin, Pr. Br., Rep. 42: Neue Bauakten 1274, Bd. 1 B, 1927-1933, o. Bl.-Nr., 1936-38.

Ansicht des Magnus-Hauses um 1945

sowjetische Regierung das Haus im September des Jahres an den Magistrat von Berlin mit der Auflage zurückgegeben hatte, es dieser Nutzung zuzuführen. Umfangreiche Instandsetzungsmaßnahmen wurden eingeleitet, der große Saal im Erdgeschoß des Westflügels zu einem Kinosaal umgebaut und im Kellergeschoß entstanden Clubräume, die in Verbindung mit dem Kinosaal das »Herz« der Begegnungsstätte bildeten. Die Repräsentationsräume wurden unterteilt, um eine größere Anzahl von Büroräumen unterbringen zu können. Im Rahmen dieses Bauvorhabens wurde der Dachstuhl repariert und eine Fassadenrenovierung begonnen, die allerdings erst 1956/57 abgeschlossen war.[49]

Die DFS nutzte das Haus nur kurze Zeit und zog dann in das von der Sowjetarmee geräumte, weitaus größere, ehemalige Haus des Preußischen Finanzministeriums Am Festungsgraben um. Unterschiedliche Institutionen interessierten sich seit 1953 für eine Übernahme des Anwesens. Beispielsweise machten Theaterschaffende Berlins eine Eingabe beim Oberbürgermeister zur Einrichtung einer »Gedenkstätte Max Reinhardt«, die Ausstellungs- und Clubräume für die »Tätigkeit und das gesellschaftliche Leben der Intelligenz« umfassen sollte.[50] Auch die Physikalische Gesellschaft gehörte bereits damals zu den Interessenten einer Anmietung.

Das Haus als Sitz der Physikalischen Gesellschaft seit 1958

Seit 1955 bemühte sich die Physikalische Gesellschaft in der DDR verstärkt um eine Nutzungsberechtigung für das Magnus-Haus. Der politischen Bedeutung des Themas entsprechend, wurden die Verhandlungen auf höchster Ebene im Magistrat und im Zentralkomitee geführt.[51] Ausschlaggebend für die Entscheidung zugunsten einer Nutzung des Hauses durch die Physikalische Gesellschaft war der anstehende 100. Geburtstag von Max Planck im April 1958. Das Magnus-Haus wurde zum 1. Juli 1957 in die »Nutzungsträgerschaft« der Physikalischen Gesellschaft übergeben und am 24. April 1958 feierlich durch den damaligen Oberbürgermeister von Ost-Berlin, Friedrich Ebert, übereignet.

Als Max-Planck-Haus diente es nun als wissenschaftliches Kommunikationszentrum, in dem Tagungen und Konferenzen stattfanden. Außer der Physikalischen Gesellschaft beherbergte es den »Städtetag«, dessen Präsident zu dieser Zeit Ebert war, und andere wissenschaftliche Gesellschaften wie die Psychologische Gesellschaft und die Biophysikalische Gesellschaft sowie eine Dienststelle des Ministeriums für Außenhandel als Untermieter.

Die Maueröffnung im November 1989 führte bereits nach kurzer Zeit zu einer Wiedervereinigung der beiden parallel existierenden Physikalischen Gesellschaf-

---

49 Senatsverwaltung für Stadtentwicklung und Umweltschutz, Fachabteilung Bau- und Gartendenkmalpflege, Grundstücksakte B 21/1, Ensemble Kupfergraben 5, 6, 7. Das schmiedeeiserne Geländer der Freitreppe am Kupfergraben, das im Verlauf des Zweiten Weltkrieges stark beschädigt worden war, wurde als eine der ersten Maßnahmen bereits 1953 wiederhergestellt.
50 Ebd.
51 D. Hoffmann: Zur Geschichte der Physikalischen Gesellschaft (in) der DDR. In: 150 Jahre Deutsche Physikalische Gesellschaft. Hg. von Theo Mayer-Kuckuk, Sonderteil der Zeitschrift Physikalische Blätter 51 (1995), H. 1, S. F-166 f.

Magnus-Haus 1958

ten. Die wiedergewonnene, gemeinsame Perspektive spiegelt sich in der Restaurierung des traditionsreichen Hauses wider.

Blick in Entrée und Treppenhaus des Magnus-Hauses nach der Instandsetzung von 1993/94

Gustav Magnus

Das Magnus-Haus und die Deutsche Physikalische Gesellschaft

Theo Mayer-Kuckuk

Die Physikalische Gesellschaft zu Berlin war 1845 aus dem Teilnehmerkreis des Kolloquiums hervorgegangen, das Gustav Magnus in seinem Hause eingerichtet hatte. Jedenfalls heißt es im ersten Bande der »Fortschritte der Physik« zur Gründung der Physikalischen Gesellschaft:

>»Dem Herrn Prof. G. Magnus verdankt die Gesellschaft ihre Entstehung, insofern er es war, der im Jahre 1843 einen Kreis jüngerer Physiker zur Besprechung der neueren physikalischen Untersuchungen um sich versammelte, wodurch die bis dahin vereinzelt dastehenden miteinander bekannt und darauf aufmerksam gemacht wurden, wieviel durch die Vereinigung zahlreicher Kräfte geleistet werden könne«.

Die Physikalische Gesellschaft hat in den folgenden Jahrzehnten zwar regelmäßig alle die Physiker vereinigt, die im Laboratorium von Magnus gearbeitet haben oder die sonst zu seinen Schülern zählten, aber die 14tägigen Sitzungen der Gesellschaft fanden nicht in seinem Hause statt. Auch wurde Magnus nie Mitglied der von seinem Schülerkreis gegründeten Gesellschaft. Da hier die Mitgliedschaft jedem Interessierten offenstand, konnte in der Physikalischen Gesellschaft ein wesentlich breiterer Kreis von Personen und Themen angesprochen werden, als es im akademischen Kolloquium von Magnus mit seinen ausgesuchten Teilnehmern möglich war. Der Leutnant Werner Siemens hätte dort schwerlich den Feinmechaniker Georg Halske treffen können.

Das von Magnus in seinem Haus mit privaten Mitteln eingerichtete Laboratorium diente bis zu seinem Tod 1870 als Physikalisches Laboratorium der Universität. Danach verlor es zunächst seine unmittelbare Bedeutung für die Physik, zumal 1878 unter Hermann Helmholtz das große Physikalische Institut der Universität fertiggestellt wurde, zu dem die ersten Ideen noch von Magnus stammten. Die Erinnerung an die Bedeutung des Magnushauses für die Physik war jedoch wach geblieben und 1930, als das Haus im wesentlichen von der Universität genutzt wurde, ließ die Deutsche Physikalische Gesellschaft eine Gedenktafel anbringen, die nachstehend abgebildet ist. In Anbetracht der vielen berühmten Schüler, die Magnus hatte, erscheint uns heute die Auswahl der auf der Tafel aufgeführten Namen etwas willkürlich, so fehlt z. B. der Name Werner von Siemens.

Nachdem das Gebäude den zweiten Weltkrieg unbeschädigt überstanden hatte, wurde es zunächst vom sowjetischen Geheimdienst NKWD und dann von der Gesellschaft für deutsch-sowjetische Freundschaft genutzt, bis man sich im Jahr 1958 auf die alte Physiktraditon besann. Aus Anlaß des 100. Geburtstags von Max Planck fand im Magnushaus am 24. April eine große Gedenkfeier statt und bei dieser Gelegenheit wurde das Grundstück am Kupfergraben 7 vom Magistrat, vertreten durch den Oberbürgermeister Ebert, der Physikalischen Gesellschaft der DDR »in dauernde Obhut und Pflege« übergeben, »mit der Befugnis, es ... wie ein Eigentümer zu benutzen und zu gestalten« (vgl. die auf S. 124 abgebildete Urkunde). Aus gleichem Anlaß wurde auch die Bibliothek aus Max Plancks

Gedenktafel der Deutschen Physikalischen Gesellschaft von 1930

Mit dieser Urkunde übergibt der Magistrat von Groß-Berlin aus Anlaß des 100. Geburtstages des großen deutschen Physikers MAX PLANCK der Physikalischen Gesellschaft in der Deutschen Demokratischen Republik das Grundstück Berlin NW 7, Am Kupfergraben 7, in dauernde Obhut und Pflege mit der Befugnis, es als Verwaltungsträger nach den bestehenden gesetzlichen Bestimmungen wie ein Eigentümer zu benutzen und zu gestalten.

Die Übergabe dieses Hauses soll ein Zeichen der hohen Achtung der Bevölkerung der Deutschen Demokratischen Republik vor den Leistungen ihrer Wissenschaftler darstellen und das Bekenntnis der engen Verbundenheit mit ihnen sein.

Möge die Arbeit, die die Physikalische Gesellschaft in der Deutschen Demokratischen Republik in diesem Hause künftighin vollbringt, für die Menschheit im allgemeinen und das deutsche Volk im besonderen von Segen sein und stets den großen Gedanken des Friedens, der Völkerverständigung und des sozialen Fortschritts dienen.

Berlin, den 24. April 1958

Ebert
Oberbürgermeister

Die Urkunde von 1958, die der Physikalischen Gesellschaft der DDR die Nutzung des Magnus-Hauses überträgt

Arbeitszimmer in der Universität, die 1945 nach Moskau gebracht worden war, von der Moskauer Akademie der Wissenschaften nach Berlin zurückgegeben und im Magnushaus aufgestellt. Sie enthielt unter anderem handschriftliche Kollegbücher, die Max Planck während seines Studium angefertigt hat. Nach einer Verfügung durch die Erben von Max Planck sind diese Bestände jetzt im Archiv der Max-Planck-Gesellschaft in Dahlem als Leihgabe verwahrt und betreut.

Die Physikalische Gesellschaft der DDR hatte ihren Sitz 30 Jahre lang, bis zur deutschen Vereinigung, im Magnushaus. Dort war die Geschäftsstelle untergebracht und die Max-Planck-Bibliothek. Der Hörsaal wurde für physikalische Kolloquien genutzt, insbesondere für das traditionsreiche Max-von-Laue-Kolloquium und für das Mittwochs-Kolloquium. Das Magnushaus war ein wichtiges Zentrum für die Physiker in der DDR geworden.

Nach dem Fall der Berliner Mauer war die Vereinigung der beiden Physikalischen Gesellschaften in Ost und West zu einer gemeinsamen Deutschen Physikalischen Gesellschaft bereits beschlossene Sache, noch bevor es zur politischen Vereinigung Deutschlands kam. Die Vereinigung beider Gesellschaften wurde dann am 20. November 1990 im Magnushaus feierlich vollzogen, wobei eine Vereinbarung abgeschlossen wurde, in der es unter anderem heißt: »Die DPG tritt in die Rechtsträgerschaft der Phys. Ges. für das Magnushaus und alle damit verbundenen Verpflichtungen ein«.

Das damit eingegangene Versprechen war nicht leicht einzulösen. Die Rechtsträgerschaft am Haus war mit der deutschen Vereinigung zunächst gegenstandslos geworden und es erhob sich die Frage, wer nun Eigentümer des Hauses war, das Land Berlin oder die Bundesrepublik. Diese Frage konnte zu Gunsten von Berlin entschieden werden. Die Senatsverwaltung ließ außerdem die Bereitschaft erkennen, das Magnushaus wieder der Physikalischen Gesellschaft zur Nutzung zu übertragen, wenn es dieser gelänge, die erheblichen Mittel für eine Renovierung des in äußerst schlechtem Zustand befindlichen Gebäudes einzuwerben. In dieser Situation half die Firma Siemens in großzügiger Weise. Schließlich waren der Kreis um Magnus, die Physikalische Gesellschaft, der Kontakt zwischen Werner Siemens und Georg Halske sowie die Firmengründung eng verflochten. So kam es am 6. November 1992 zum Abschluß einer Fördervereinbarung zwischen dem Senat von Berlin, der Siemens AG und der Deutschen Physikalischen Gesellschaft deren Präambel lautet:

> »Das Land Berlin, die Deutsche Physikalische Gesellschaft und die Siemens Aktiengesellschaft, veranlaßt durch die engen Verbindungen des Hauses Siemens zur Physik im allgemeinen und zur Deutschen Physikalischen Gesellschaft im besonderen, getragen insbesondere durch die Person des Firmengründers Werner von Siemens, im gemeinsamen Interesse, das Magnushaus – unter Anknüpfung an dessen lange Physiktradition – der Deutschen Physikalischen Gesellschaft zur Nutzung als hochrangiges wissenschaftliches Begegnungszentrum zur Verfügung zu stellen, schließen folgende Vereinbarung zur Sanierung und Nutzung des Magnushauses ...«

Dann wird im einzelnen festgelegt, daß das Land Berlin der DPG die Nutzung des Hauses unentgeltlich für unbegrenzte Dauer überträgt, daß die DPG die Verantwortung für die Wiederherstellung übernimmt und das Haus satzungsgemäß nutzen wird und schließlich, daß die Siemens AG eine Spende für die Sanierung in Höhe von 10 Millionen DM zur Verfügung stellt.

Unterzeichnung der Fördervereinbarung zur Rekonstruktion des Magnus-Hauses am 6. November 1992. Von links nach rechts: Prof. Th. Mayer-Kuckuk (Vizepräsident der DPG), Prof. M. Erhardt (Senator für Wissenschaft und Forschung, Berlin), Prof. H. Schopper (Präsident der DPG), Theodor Strauch (Staatssekretär, Senatsverwaltung für Finanzen, Berlin).

Anfang 1993 konnte mit den Sanierungsarbeiten begonnen werden, die im Herbst 1994 ihren Abschluß fanden. Hierbei konnte der ursprüngliche Grundriß aus den 18. Jahrhundert weitgehend wiederhergestellt werden.

Das wiederhergestellte Haus wird der Deutschen Physikalischen Gesellschaft als wissenschaftliches Begegnungszentrum dienen. Als Zielsetung ist festgeschrieben, daß dort insbesondere die folgenden Themenbereiche gepflegt werden:

1. Die Behandlung von Problemen, zu deren Lösung Physiker beitragen können und die von allgemeiner Bedeutung für unsere Zivilisation sind. Die geschieht im Sinne der besonderen Verantwortlichkeit der Wissenschaftler für die Gestaltung des gesamten menschlichen Lebens. Dabei soll auch der Dialog zwischen Wissenschaftlern und anderen Gruppen der Gesellschaft, insbesondere Vertretern aus Politik, Wirtschaft und der Öffentlichkeit gefördert werden. Dies schließt forschungs- und gesellschaftspolitische Themen ein mit dem Ziel eines besseren gegenseitigen Verständnisses.
2. Die Darstellung der physikalischen Wissenschaft und der Nachbardisziplinen sowie ihrer Möglichkeiten und ihrer Probleme für eine breitere Öffentlichkeit.
3. Die Förderung der physikalischen Forschung und Lehre durch Intensivierung des Gedanken- und Erfahrungsaustauschs zwischen Physikern im nationalen und internationalen Rahmen.
4. Das interdisziplinäre Gespräch zwischen Physik und anderen wissenschaftlichen und technischen Bereichen.

Daran knüpft sich die Hoffnung, daß im Magnushaus ein Forum entsteht, das nicht nur der wissenschaftlichen Diskussion dient, sondern auch einen Kreis von Berliner Persönlichkeiten in lebendigen Kontakt bringt, wie es der Tradition des gesellschaftlichen Lebens im Haus von Gustav Magnus und Max Reinhardt gemäß ist.

Das Magnushaus in Rekonstruktion (1993)

Während der feierlichen Einweihung des rekonstruierten Magnus-Hauses am 18. November 1994 übergibt der Architekt F. Ollertz den Schlüssel an den Präsidenten der DPG H. G. Danielmeyer.

Personenregister

Ackeret, Jakob 79
Altenstein, Karl Freiherr von 21, 22
Arago, D. F. 83, 90, 92
Aristoteles 34
Arons, L. 49
D'Aubuission de Voisins, J. F. 83
Avenarius, Michail P. 36, 44
Baer 90
Baeumler, Alfred 116
Baeyer, Adolf von 44, 52
Baeyer, O. v. 49
Becker, Carl 115
Beetz, Wilhelm 40, 44, 48, 49, 52, 56, 57
Bernoulli, Daniel 74, 75
Berzelius, Jakob 16, 18-24, 28, 29, 49
Betzold, Wilhelm von 55, 56
Bischof, G. 83, 90
Blasius, E. 49
Börnstein, R. 49
Bohnenberger, Johann Gottlieb Friedrich von 73
Bohr, Niels 37
Born, Max 37
Boumann, Georg Friedrich 103
Boumann, Johann 103
Boumann, Michael Philipp Daniel 103
Brücke, Ernst Wilhelm 44, 49, 56, 57
Brühl, Karl Graf von 108
Brummert, Johann Adam 108
Brunner, Carl 44
Bruno, G. 83
Buffon, G. L. L. de 83
Chramov, Jurij A. 36, 37, 48
Clapeyron, Benoit 26
Clausius, Rudolph 9, 44, 49, 52, 58
Clebsch, Alfred 44
Cohen, David 48
Cordier, L. 83, 88, 90
Deite 48
Delamétherie, J. C. 83
Descartes, René 83
Dove, Heinrich Wilhelm 21, 22, 24, 26, 27, 33, 38, 43, 46, 47, 49, 56
Du Bois-Reymond, Emil 9, 44, 47, 49, 52, 53, 56, 57, 110
Dulong, Pierre L. 18, 92
Dunker, E. 92
Ebert, Friedrich 118, 123
Eichhorn, C. Herrmann 44
Eichhorn, Johann Albrecht Friedrich 27

Einstein, Albert 34
Encke, Johann Franz 27
Erman, Adolph 24
Erman, G. A. 83, 84, 86, 88, 93
Erman, Paul 38, 83, 84, 86, 88
Euler, Leonhard 66, 67, 105
Faraday, Michel 23
Farkas, Julius von 115
Feilitzsch, Fabian C.O.v. 44
Feussner, Wilhelm 44
Flettner, Anton 79, 80
Forbes 83
Fourier, J. B. J. 83, 90
Fox, R. W. 83
Fraenkel, Merle 11
Franck, J. 49
Freiesleben, J. C. 90
Fresnel, Augustin 30
Friedrich II., König von Preußen 66, 99, 103, 104, 114
Gay-Lussac, Joseph-Louis 18
Gehrke, E. 49
Gerhard, J. C. L. 83, 88, 90
Gibbs, Josiah W. 44
Glan, Paul 44, 49
Gmelin, Christian Gottlob 16
Goldstein, E. 49
Groth, Paul 42, 44
Grüneisen, E. 49
Günther, August Adolf 108
Günther, Marie geb. Barstow 108
Halske, Johann Georg 110, 123, 126
Harnack, Adolf 37
Hegel, Georg Wilhelm Friedrich 29
Heim, Heinrich von 68
Heintz, Wilhelm Heinrich 44, 56, 57
Helmholtz, Hermann 9, 26, 28, 29, 33, 36, 40-44, 46, 48, 49, 52, 53, 55, 59, 74, 123
Hennessy 90
Herder 83
Hermbstaedt, S. F. 16, 22
Hertz, Gustav 49
Hertz, Heinrich 49
Heusser, Jacob Christian 48
Hofmann, August Wilhelm 40, 42, 50, 53
Hopkins 90
Humblot, Bertha 15, 24, 25, 109
Humboldt, Alexander von 22, 26, 29, 83, 84, 88, 90, 92
Humboldt, W. von 84
Hutton, J. 83
Ioffe, Abram 37

Jaffé, Benno 48
Kant, Immanuel 83
Karsten, Gustav 44, 55-57
Kekulé, August 52
Kiessling, Karl Johann 44
Kirchhoff, Gustav Robert 9, 29, 44, 49, 52, 58
Kirchner, A. 83
Knobelsdorff, Georg Wencelslaus von 103, 114
Knoblauch, Karl Hermann 44, 56, 57
Koenigsberger, Leo 28
Kohlrausch, Friedrich 48, 49
Kronecker, Leopold 30
Krönig, August Karl 44, 49
Kundt, August 9, 36, 42, 45, 48-50, 55
Kupffer, A. T. 83, 88
Kurlbaum, F. 49
Lagrange, Joseph Louis, Comte de 105, 106
Laitko, Hubert 34
Langberg, Lorenz Christian 40, 42, 45
Laplace, P. S. 83
Laue, Max von 53
Lebedev, P. 36
Leibniz, G. W. 83
Lenné, Peter Joseph 108
Lenz, E. 36
Lüdtge, Robert 48
Ludwig Immanuel 14
Lummer, O. 49
Magnus, Eduard 13-15, 17, 109, 111
Magnus, Emanuel 11
Magnus, Friedrich Martin 14
Magnus, Marianne 13, 15
Mairan 83
Mandelsloh, von 90, 92
Martins, H. O. P. 83, 92
Maxwell, J. C. 36
Mendelssohn-Bartholdy, Felix 109
Middendorf 90
Mitscherlich, Eilhard 16, 22, 43, 49, 52
Müller, Johannes 43, 49
Naumann, Christian August 103
Neesen, F. 49
Neumann, F. v. 36
Neumann, Franz Ernst 37
Newton, Isaak 65
Nicolai, Friedrich 103
Oberbeck, Anton 45
Olesko, Kathryn 36
Ostwald, Wilhelm 33, 37
Paalzow, Adolph 55
Paalzow, Carl 45
Parrot, G. F. 83
Paschen, Friedrich 48, 49
Petruschewskij 36

Pirani, H. 49
Planck, Max 118, 123, 126
Poggendorff, Johann Christian 28, 49, 52, 59
Pohl, Robert 37, 49
Poisson, Siméon-Denis 68, 83, 90
Pomplun, Kurt 110
Prandtl, Ludwig 72, 76, 78, 79
Quincke, Georg Hermann 38, 45, 49
Rath, Gerhard vom 45
Rathenau, Walter 49
Rayleigh, Lord John 74, 75, 78
Reich, F. 83, 90
Reimer, Georg 59
Reinhardt, Edmund 114
Reinhardt, Gottfried 114
Reinhardt, Max 110, 112-116, 118, 128
Reinhardt, Wolfgang 112
Reinhardt-Heims, Else 112, 114-116
Rhoden, Johann Christoph 101, 102
Robins, Benjamin 65, 66
Röntgen, Wilhelm Conrad 36
Rose, Gustav 16, 49
Rose, Heinrich 43, 49, 52
Rosenberg, Hermann 114
Rosenberg, Jenny 114
Rubens, Heinrich 48, 49, 53
Rüdorff, Theodor Friedrich 45, 49
Rutherford, Ernest 37
Scharnhorst, Gerhard Johann David 67
Schering, Ernst 48
Schinkel, Karl Friedrich 108
Schmidt 84, 88
Schneider, Ernst Robert 38, 45, 49
Schultz-Sellack, Carl 42, 45
Siemens, Werner von 58, 46-48, 110, 123, 126
Sommerfeld, Arnold 37
Stephan, J. 36
Stoletov, Aleksandr G. 36, 45
Tamm, Igor 37
Thenard, L. J. 18
Thimig, Helene 114
Thomson, J. 36
Thomson, William 74, 75
Tourte, Karl Daniel 43
Trebra, F. W. H. von 83
Tyndall, John 45
Unger, Julius Bodo 48
Varrentrapp, Franz 48
Vettin, Ulrich F. 48
Villari, Emilio 45
Vögeli, Franz Anton 48
Walferdin, F. H. 90, 92
Warburg, Emil 9, 29, 42, 45, 48, 49, 51
Weber, Rudolph 45, 49
Weber, Wilhelm 37

Personenregister

Weierstraß, Karl 29
Westphal, Johann Friedrich 49, 100, 103, 105, 108
Wiedemann, Gustav 33, 37, 40, 43, 45, 55, 59

Wien, Wilhelm 49
Wöhler, Friedrich 16, 22, 23, 33, 49
Wüllner, Adolph 45

Autorenverzeichnis

Christine Becker, Kunsthistorikerin M. A.
Max-von-Laue-Straße 14, D-14195 Berlin.

Markus Ecke
Fachbereich Physik der Carl-von Ossietzky-Universität Oldenburg, Carl-von-Ossietzky-Straße 9-11, D-26129 Oldenburg.

Dr. phil. habil. Dieter Hoffmann
Forschungsschwerpunkt Wissenschaftsgeschichte und Wissenschaftstheorie der Förderungsgesellschaft Wissenschaftliche Neuvorhaben mbH, Jägerstraße 10/11, D-10117 Berlin.

Dr. rer. pol. Horst Kant
Forschungsschwerpunkt Wissenschaftsgeschichte und Wissenschaftstheorie der Förderungsgesellschaft Wissenschaftliche Neuvorhaben mbH, Jägerstraße 10/11, D-10117 Berlin.

Dr. rer. nat. Peter Kühn
Landsberger Allee 130, D-10369 Berlin.

Prof. Dr. rer. nat. habil. Theo Mayer-Kuckuk
Institut für Strahlen- und Kernphysik der Universität Bonn, Nußallee 14-16, D-53115 Bonn.

Prof. Dr. phil. Falk Rieß
Fachbereich Physik der Carl-von Ossietzky-Universität Oldenburg, Carl-von-Ossietzky-Straße 9-11, D-26129 Oldenburg.

Dr. rer. nat. habil. Wolfgang Schreier, Universitäts-Dozent
Karl-Sudhoff-Institut für Gechichte der Medizin und Naturwissenschaften der Universität Leipzig, Augustusplatz 10, D-04103 Leipzig.

Dr. rer. nat. Stefan L. Wolff
Institut für Geschichte der Naturwissenschaften der Ludwig-Maximilians-Universität, Museumsinsel 1, D-80538 München.

Abbildungsnachweis

Becker & Jakob, Berlin: S. 120.
Deutsches Museum, München: S. 12, 41, 85, 98, 106.
DPG-Archiv: S. 6, 8, 13, 17, 57, 61-64, 119, 124, 125, 129(o).
Humboldt-Universität zu Berlin: S. 19, 54, 122.
H. Kant, Archiv, Berlin: S. 32, 35, 39(u), 50, 51.
M. Kischke, Berlin: S. 127, 129(u).
Landesarchiv Berlin: S. 101.
Nature, 1870: Umschlag.
J. Schulze, Berlin (DPG-Archiv): Umschlagsrückseite.
Senatsverwaltung für Stadtentwicklung und Umweltschutz, Fachabteilung Bau- und Gartendenkmalpflege: S. 117.
Staatsbibliothek zu Berlin, Stiftung Preußischer Kulturbesitz, Sammlung Darmstädter: S. 25, 113.
Staatliche Museen zu Berlin, Stiftung Preußischer Kulturbesitz, Kupferstichkabinett: S. 107.
Universität Leipzig: S. 39(o).
Universität Oldenburg: S. 65, 69-71, 73, 75-81.

GNT – Verlag

Verlag für Geschichte der Naturwissenschaften und der Technik

Verlagsprogramm

Stand: Juni 1995

Populärwissenschaft
Populäre Bücher des renommierten Wissenschaftshistorikers Armin Hermann

Armin Hermann: Weltreich der Physik.
Von Galilei bis Heisenberg.
390 S., 30 Abb., Pb., 28,80 DM,
ISBN 3-928186-04-3

Die spannend geschriebene Kulturgeschichte einer Wissenschaft, die zur Weltmacht wurde.

Armin Hermann: Wie die Wissenschaft ihre Unschuld verlor.
Macht und Mißbrauch der Forscher.
271 S., Gb., 16,- DM, ISBN 3-928186-22-1

Wie die »Führerin in eine bessere Welt« Angst und Schrecken verbreitete: Eine glänzend geschriebene Auseinandersetzung mit der Wissenschaft des 20. Jahrhunderts.

**Armin Hermann:
Die Jahrhundertwissenschaft.**
Werner Heisenberg und die Physik seiner Zeit
275 S., 36 Abb., Gb., 20,- DM,
ISBN 3-928186-23-X

Wie die revolutionären Forscher, die das Innere des Atoms begreifen wollten, in die politischen Auseinandersetzungen unseres Jahrhunderts gerissen wurden.

Jugendbuch

Jürgen Teichmann: Moment mal, Herr Galilei!
Eine Reise durch die Geschichte der Wissenschaft.
264 S., Abb., geb., 28,80 DM,
ISBN 3-928186-07-8

Von Galileis ersten Experimenten bis zur Spaltung der Atomkerne wird dem jugendlichen Leser das »Abenteuer Wissenschaft« in acht Episoden lebendig gemacht.

Physik- und Astronomiegeschichte

Gudrun Wolfschmidt (Hg.):
Nicolaus Copernicus (1473-1543).
Revolutionär wider Willen.
350 S., Abb., Pb., 39,80 DM,
ISBN 3-928186-16-7
Kompetente Autoren stellen die copernicanische Wende - eine der größten Umwälzungen der Geistesgeschichte - von ihren antiken Wurzeln bis zu ihren heutigen Auswirkungen dar.

Christoph Meinel;
Peter Voswinckel (Hg.):
Medizin, Naturwissenschaft, Technik und Nationalsozialismus:
Kontinuitäten und Diskontinuitäten.
Hg. im Auftrag des Vorstandes der Deutschen Gesellschaft für Geschichte der Medizin, Naturwissenschaft und Technik.
332 S., Gb., 55,- DM, ISBN 3-928186-24-8
Mit einem Überblick über den internationalen Forschungsstand durch Herbert Mehrtens wird der Reigen der 30 Beiträge eröffnet, die ein vielfältiges Themenspektrum abdecken. Es zeigt sich, daß es im wesentlichen gelang, ideologische Einflüsse aus Medizin, Naturwissenschaft und Technik fernzuhalten. Dem praktischen Einsatz ihres Wissens für die Ziele des Nationalsozialismus wurde dagegen nur selten Widerstand entgegengesetzt, oft lieferten die Forscher selbst die Ideen hierfür.

Dieter Hoffmann (Hg.)
Gustav Magnus und sein Haus.
135 S., Gb., 50,- DM, ISBN 3-928186-26-4
Ein Sammelband über Leben und Werk von Gustav Magnus (1802-1870) und über die wechselvolle Geschichte des Magnus-Hauses.

Brigitte Nagel: Die Welteislehre.
Ihre Geschichte und ihre Rolle im »Dritten Reich«. Mit umfangreicher Dokumentensammlung.
188 S., 14 Abb., Pb., 25,- DM,
ISBN 3-928186-01-9
Die Autorin analysiert eine der skurrilsten Episoden der modernen Wissenschaftsgeschichte: Die Entstehung einer Pseudowissenschaft und deren Aufblühen im Dritten Reich.

Lin Qing: Zur Frühgeschichte des Elektronenmikroskops.
ca. 200 S., 34 Abb., Pb., 35,- DM,
ISBN 3-928186-02-7
1986 erhielt Ernst Ruska den Nobelpreis für die Entwicklung des Elektronenmikroskops. Daß diese Entscheidung umstritten bleibt, zeigt Qings scharfsinnige Analyse des Wettlaufs um das erste »Übermikroskop«.

Wolfgang Kokott: Die Kometen der Jahre 1531 bis 1539 und ihre Bedeutung für die spätere Entwicklung der Kometenforschung.
208 S., Gb., 50,- DM, ISBN 3-928186-14-0
Die in dieser Untersuchung praktizierte Kombination bislang ungenutzter Quellen mit modernen Arbeitsmethoden liefert neue Resultate über den Beginn der neuzeitlichen Kometenforschung.

Günther Oestmann: Die astronomische Uhr des Straßburger Münsters.
Funktion und Bedeutung eines Kosmos-Modells des 16. Jahrhunderts.
326 S., 48 Tafeln, Gb., 1. Aufl.: 80,- DM,
ISBN 3-928186-12-4
Über keine Uhr ist so häufig geschrieben worden wie über die des Straßburger Münsters. Oestmann gibt erstmals eine Gesamtinterpretation der technischen und künstlerischen Ausstattung der Uhr sowie deren astronomischen Indikationen und kommt zu erstaunlichen Ergebnissen.

Helmuth Albrecht (Hg.): Naturwissenschaft und Technik in der Geschichte.
25 Jahre Lehrstuhl für Geschichte der Naturwissenschaft und Technik am Historischen Institut der Universität Stuttgart.
400 S., 9 Abb., Pb., 40,- DM,
ISBN 3-928186-15-9
Im Zentrum vieler Beiträge steht das Problem der Verstrickung der Wissenschaftler in die Ereignisse der Zeit des Nationalsozialismus.

Klaus-Dieter Herbst:
Zur Entwicklung des Meridiankreises von 1700 bis 1850 unter Berücksichtigung des Wechselverhältnisses zwischen Astronomie, Astro-Technik und Technik.
ca. 130 S., Abb., Gb., 40,- DM,
ISBN 3-928186-21-3
(erscheint im Frühjahr 1996)

Bruce R. Wheaton: Inventory of Sources for History of Twentieth-Century Physics.
Report and Microfiche Index to 700,000 Letters.
With the Assistance of Robin E. Rider.
294 S. und 62 Mikrofiche, Gb. in Kassette,
$ 599, ISBN 3-928186-09-4
Ein umfangreiches Register über den Aufbewahrungsort von Briefen von und an Physikern zwischen 1896 und 1952. Insgesamt sind 5.600 Physiker und 75.000 weitere Personen in 2.000 Archiven aus 35 Ländern verzeichnet.

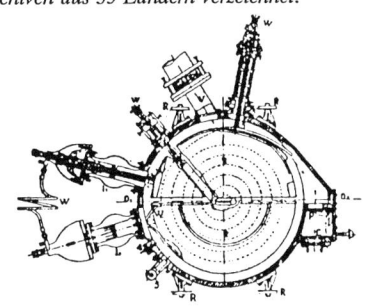

Quellen der Wissenschaftsgeschichte

Band 1:
Kai Torsten Kanz:
Kielmeyer-Bibliographie.
Verzeichnis der Literatur von und über den Naturforscher Carl Friedrich Kielmeyer (1765-1844).
161 S., 5 Abb., Pb., 20,- DM,
ISBN 3-928186-06-X

Band 2:
Diedrich Wattenberg: Wilhelm Olbers im Briefwechsel mit Astronomen seiner Zeit.
49 S., Pb., 18,- DM, ISBN 3-928186-19-1

Technikgeschichte

Hans-Liudger Dienel: Herrschaft über die Natur?
Naturvorstellungen deutscher Ingenieure 1871-1914.
255 S., 29 Abb., Pb., 25,- DM,
ISBN 3-928186-03-5

»*In jedem Fall bietet Dienels Arbeit einen nützlichen Denkanstoß zu dem Thema 'Natur', das bisher im allgemeinen mehr Stoff zu Deklamationen als zu Diskussionen gab.*«
(Joachim Radkau).

Klaus-Peter Meinicke; Klaus Krug (Hg.): Wissenschafts- und Technologietransfer zwischen Industrieller und Wissenschaftlich-technischer Revolution.
214 S., Abb., Pb., 25,- DM,
ISBN 3-928186-05-1
Zahlreiche Beispiele vom deutschen Maschinenbau im 18. Jahrhundert bis zur Entwicklung der Halbleiter-Elektronik in den Vereinigten Staaten beleuchten Kontinuität und historischen Wandel von Transferprozessen.

Volker Benad-Wagenhoff (Hg.): Industrialisierung - Begriffe und Prozesse.
Festschrift Akos Paulinyi zum 65. Geburtstag.
264 S., Abb., Pb., 35,- DM,
ISBN 3-928186-17-5
Die Aufsätze des Bandes untersuchen sowohl den Prozeß der »Industrialisierung« als auch die Klärung und Präzisierung der Begriffe, mit denen dieser als Ganzes beschrieben werden kann.

Volker Benad-Wagenhoff: Industrieller Maschinenbau im 19. Jahrhundert.
Werkstattpraxis und Entwicklung spanender Werkzeugmaschinen im deutschen Maschinenbau 1870-1914.
Reihe »Technik + Arbeit« des Landesmuseums für Technik und Arbeit in Mannheim, Band 5.
438 S., 224 Abb., Gb., 58,- DM,
ISBN 3-928186-13-2
»Das Werk ist alles andere als eine der üblichen Erfindungsgeschichten. Hier wird vor allem das Interesse an der Ausbreitung einschlägiger technischer Innovationen sowie an den Bedingungen und Folgen ihrer Anwendung in der industriellen Praxis artikuliert.« (Lothar Suhling).

Jürgen Ruby: Maschinen für die Massenfertigung.
Die Entwicklung der Drehautomaten bis zum Ende des 1. Weltkrieges.
ca. 200 S., 88 Abb., Gb., 60,- DM
ISBN 3-928186-25-6
»Mit seiner international vergleichenden Studie zur Herausbildung und Entwicklung der Drehautomaten – die in ihrer Art bislang einzig dasteht – hat Jürgen Ruby das Fundament für die dringend gebotene Begriffsdiskussion der 'nachrevolutionären' Technik vervollkommnet und zugleich ein faszinierendes Kapitel zur Ausweitung der industriellen Massenproduktion dokumentiert.« (Ulrich Wengenroth).

Norbert Gilson: Konzepte von Elektrizitätsversorgung und Elektrizitätswirtschaft.
Zur Entstehung eines neuen Faches der Technikwissenschaften zwischen 1880 und 1945.
475 S., Gb., 120,- DM, ISBN 3-928186-20-5
Gilson untersucht die Entstehung der Elektrizitätswirtschaftslehre im Spannungsfeld zwischen wissenschaftlicher Durchdringung und industriellen Legitimationsinteressen der Großversorgungsunternehmen.

Helmut Maier: Erwin Marx (1893-1980), Ingenieurwissenschaftler in Braunschweig, und die Forschung und Entwicklung auf dem Gebiet der elektrischen Energieübertragung auf weite Entfernungen zwischen 1918 und 1950.
353 S., Abb., Gb., 80,- DM,
ISBN 3-928186-11-6
Geschildert wird der Versuch, die Gleichstromtechnik für Hochspannungs-Fernübertragung zu nutzen, wofür sich Marx die Ziele der NS-Rüstungspolitik zunutze machte.

Bestellungen über jede Buchhandlung oder direkt beim Verlag:

Verlag für Geschichte der Naturwissenschaften und der Technik
Postfach 81 02 63, 70519 Stuttgart,
Telefon 07 11/71 75 49, Telefax 07 11/7 17 06 09

Bitte fordern Sie unsere ausführlicheren Buchprospekte an.